ELIO ALBA-BUFFILL

Kingsborough C. College
City University of New York

LOS ESTUDIOS CERVANTINOS

DE

ENRIQUE JOSE VARONA

(*Senda de estudios y ensayos*)

SENDA NUEVA DE EDICIONES
NEW YORK
1979

(c) by Elio Alba-Buffill

SENDA NUEVA DE EDICIONES, INC.
P. O. Box 488
Montclair, N. J.   07042

ISBN: 0918454-11-5
Library of Congress Catalog Card Number: 78-73618
Diseñó la portada: Herb Schwartz

LOS ESTUDIOS CERVANTINOS

DE

ENRIQUE JOSE VARONA

*Edición y estudio preliminar de
Elio Alba-Buffill*

SENDA NUEVA DE EDICIONES

I. SENDA BIBLIOGRAFICA

Elio Alba-Buffill y Francisco E. Feito. *Indice de El Pensamiento* [Cuba, 1879-1880].

Alberto Gutiérrez de la Solana. *Investigación y crítica literaria y lingüística cubana.*

II. SENDA NARRATIVA

Oscar Gómez Vidal. *¿Sabes la noticia...? ¡Dios llega mañana!*
Ignacio R. M. Galbis. *Trece relatos sombríos.*
José Vilasuso. *El día de la liberación.*

III. SENDA DE ESTUDIOS Y ENSAYOS

Octavio de la Suarée, Jr. *La obra literaria de Regino E. Boti.*
Rose S. Minc. *Lo fantástico y lo real en la narrativa de Juan Rulfo y Guadalupe Dueñas.*
Elio Alba-Buffill. *Los estudios cervantinos de Enrique José Varona.*
Rose S. Minc., Editor. *The Contemporary Latin American Short Story* [Symposium].
Rosa Valdés-Cruz. *De las jarchas a la poesía negra.*

IV. SENDA POETICA

Lourdes Gil. *Neumas.*
Gustavo Cardelle. *Reflejos sobre la nieve.*
Xavier Urpí. *Instantes violados.*
Esther Utrera. *Mensaje en luces.*
Eugenio Florit. *Versos pequeños* (1938-1975).

V. SENDA ANTOLOGICA

Alberto Gutiérrez de la Solana. *Rubén Darío: Prosa y Poesía.*

VI. SENDA LEXICOGRAFICA

Adela Alcantud. *Diccionario bilingüe de psicología.*

A CERVANTES
*AYER Y HOY**

Soneto

Tan grande fuiste, que á tu lado el mundo
Avergonzado se encontró pequeño;
Quiso borrar tu risa con su ceño;
Y al oirte fingió desden profundo.
  En alas de tu númen sin segundo
Al empíreo subiste en noble empeño;
Y al despertar de tu radiante sueño,
Entre hierros hollaste suelo inmundo.
  Hoy del Sol ya traspuesto los fulgores,
Rastrea el mundo tarde conmovido,
Que ve en tu gloria sublimado al hombre.
  Y así llenan la tierra tus loores,
Que yo, humilde cantor desconocido,
Mi pluma ilustro al escribir tu nombre.

                            E. J. de VARONA.
Puerto Príncipe, 8 de Diciembre de 1872.

*Apareció publicado en la *Crónica de los Cervantistas*. Cádiz. Año II. Núm. 1 (28 de enero de 1863). Pág. 14.

ESTUDIO PRELIMINAR

I.- Varona y la crítica cervantina en Cuba.

En nuestra América, *El Quijote* y su autor han sido fuentes inspiradoras de reflexiones críticas y de exaltaciones entusiastas. Los estudios que Varona realizó sobre la obra de Cervantes lo afilian, pues, a esa gran corriente de exégesis que corre con extraordinaria intensidad en la literatura hispanoamericana y a la que pertenecen muchas de sus más prominentes figuras(1).

En Cuba la preocupación por estudiar a Cervantes se hace patente a finales del siglo XVIII con unos artículos anónimos que se publicaron en *El papel periódico* de la Habana, en junio de 1790; y continúa en el siglo XIX con el discurso que el cubano Tristán de Jesús Medina pronunció por invitación de la Real Academia Española de la Lengua, el 23 de abril de 1861, en las honras que se celebraron en memoria de Cervantes en la iglesia de las Trinitarias de Madrid con gran repercusión. Así como con la aportación del presbítero Emilio de los Santos Fuentes y Betancourt que, en conferencia recogida en su libro *Frutos primaverales,* publicado en la Habana en 1875, se asomó a la significación de Cervantes, desde un punto de vista estético(2). Por tanto, cuando el joven Varona comienza en 1872 sus colaboraciones en la *Crónica de los cervantistas*, de Cádiz, era el continuador de una corriente definida en las letras cubanas. Su artículo, «Un aniversario de la muerte de Cervantes en Cuba» de 6 de junio de 1874, pese a las críticas que hace a la impropiedad y falta de calidad intelectual de algunas expresiones de homenaje a Cervantes, demuestra la actitud de entusiasmo que prevalecía en Cuba en cuanto al gran novelista y su obra. Contemporáneamente a Varona aparece otro de los grandes cervantistas cubanos: José de Armas y Cárdenas, conocido literariamente por Justo de Lara, quien efectuó una de las más valiosas aportaciones en América a la crítica cervantina(3). Al igual que Varona, la dedicación por Cervantes de Justo de Lara aparece desde la más temprana juventud; pero otros miembros de la misma generación también hicieron su aportación a esta temática, entre ellos, Esteban Borrero Echevarría con su obra *Alrededor del Quijote*(4), donde aparece su importante ensayo «Influencias sociales del Quijote»; y Enrique Piñeyro con su breve estudio «En honor del Quijote»(5).

Manifestaciones posteriores de la crítica cervantina, ya en pleno siglo XX, han sido los estudios realizados por Francisco Ichaso, Medardo Vitier, José María Chacón y Calvo y Jorge Mañach, de los cuales los de estos dos últimos han recibido una mayor atención en el campo de la investigación erudita.

José María Chacón y Calvo, discípulo y admirador de Varona y uno de sus herederos en el apostolado cultural que el maestro ejerció en Cuba, estudió y desarrolló muy eruditamente un aspecto de las fuentes de la gran novela que ya Varona había apuntado en un discurso de 1905 titulado «Cervantes y *El Quijote*», es decir, la relativa a la influencia que el Romancero ejerció sobre Cervantes en el proceso de creación de *El Quijote*. En una conferencia pronunciada el 10 de diciembre de 1916 en el Ateneo de la Habana, titulada «Cervantes y el Romancero»(6), que apareció impresa en Cuba al año siguiente y que posteriormente incluyó en su libro *Ensayos de literatura española,* Chacón y Calvo estudió la deliberada tendencia de Cervantes a infiltrar su novela con el espíritu de la poesía popular española. Recientemente, Zenaida Gutiérrez Vega ha señalado la precedencia de este trabajo en relación al clásico estudio de don Ramón Menéndez y Pidal titulado «Un aspecto en la evolución de *El Quijote*», leído en la inauguración del curso 1921-1922 del Ateneo de Madrid. Señala Gutiérrez Vega que Chacón y Calvo asistió a la conferencia de Don Ramón en el Ateneo, y que al terminar la misma, y en respuesta a su felicitaciones, Menéndez y Pidal le dijo: «Este discurso ha de publicarse con notas en las que haré constar su precedencia»(7). A Chacón y Calvo se le une Jorge Mañach en la preocupación cervantina. También devoto admirador de Varona y continuador de su apostolado cultural en Cuba, Mañach aporta a la bibliografía cervantina su *Examen del quijotismo* y *El sentido trágico de la Numancia.* El *Examen del Quijotismo* es una de las más logradas manifestaciones del ensayo en América y se distingué no solamente por la pulcritud de su estilo sino también por su profundidad. Alberto Zum Felde ha hecho hincapié en la agudeza de esa interpretación filosófica del gran personaje-mito de la literatura española(8).

Es evidente, pues, que a Cervantes se le ha dedicado vasta atención entre los críticos cubanos(9). La evaluación de este autor y de su obra ha excedido la perspectiva literaria ya que se le ha llegado a analizar desde el punto de vista de sus ideas jurídicas, como los hizo Mariano Aramburu(10); y hasta desde el aspecto pedagógico, como lo efectuó Alfredo M. Aguayo(11).

No desvirtuaremos la naturaleza de esta introducción deteniéndonos en esa amplísima cuestión del quijotismo en Cuba, que ha tenido sus repercusiones en la crítica literaria efectuada por el exilio cubano(12). Lo que nos interesa destacar aquí es que en este aspecto, como en muchos de su vida y su obra, Varona fue muy representativo del intelectual de Hispanoamérica y que en general, con sus estudios cervantinos, se sitúa dentro de una tendencia crítica que tiene muchos y muy dignos seguidores no sólo en el continente americano sino también en su patria.

Una distinción fundamental debe hacerse para una adecuada evaluación de esos estudios. Por una parte, tendremos que referirnos a la conferencia que sobre Cervantes pronunció en la Habana en 1883 y por la otra, habrá que aludir a una serie de estudios realizados en distintas fechas y que bien pudieran agruparse bajo la denominación de «trabajos más breves».

La conferencia sobre Cervantes fue leída en el Nuevo Liceo de la Habana, el 23 de abril de 1883 y, es de especial significación no sólo por el procedimiento crítico que utilizó, o sea, el método positivista de crítica literaria, sino por el valor de su contenido. En ella Varona efectuó un examen que por su enfoque, organización y profundidad, supera a todos los otros trabajos que dedicara al tema. Dicha conferencia ha atraído consistentemente la mayor atención de la crítica, como se indicará más adelante, lo que no implica que no existan dentro de lo que hemos denominado «trabajos más breves», algunos que merezcan especial consideración, pero es innegable que la aludida conferencia es el estudio más acabado e importante de todo ese grupo.

II.- La conferencia sobre Cervantes(13).

La conferencia de 1883 sobre Cervantes(14) es un típico ejemplo del uso de la técnica positivista en la crítica literaria de Hispanoamérica. Para Varona, *El Quijote*, la gran obra de arte de relieve universal, no es un fenómeno aislado sino que está íntimamente relacionada con el momento histórico, el ambiente y el país en que se produjo. Varona intentó el análisis de Cervantes, el hombre, como paso previo para entender la significación de *El Quijote*. Efectuó esta evaluación teniendo en cuenta el medio y el momento histórico que le tocó vivir así como las características que la cultura española había ido plasmando en sus hombres. Es decir, utilizó los concepto de medio, época y raza, que para Hipólito Taine eran tan fundamentales en el estudio de la creación literaria.

Varona, debido a sus características intelectuales, no siguió el método positivista con una rigurosidad absoluta. No obstante, pese a las licencias que se permitió, es innegable que la técnica positivista condicionó extraordinariamente esta conferencia. Ello da a la misma una importancia excepcional en la historia de la crítica literaria hispanoamericana e hispánica en general. El valor del estudio de Varona en virtud del método crítico aplicado no sólo fue advertido por la crítica de su época, sino que, a medida que ha transcurrido el tiempo, ha ido adquiriendo una mayor significación, hasta llegar a considerarse que en dicha conferencia fue la primera vez que en la crítica de la América Hispana y de la literatura española, en general, se aplicó el método de interpretación positivista creado por Taine(15).

Esta conferencia está dividida en tres partes: la primera y la última breves; la segunda de mayor extensión. En la primera, Varona, después de plantear la importancia del estudio de la vida de los grandes hombres, señala la necesidad de emplear el método crítico que va a utilizar. En la parte central de la conferencia, realiza el análisis de la vida de Cervantes y en la final enjuicia la obra.

Aplicando el método positivista, Varona divide la vida de Cervantes en etapas para ir estudiando cada uno de ellas y demostrando cómo éstas condicionaron el carácter del creador y en su consecuencia influyeron sobre su obra de ficción. Así, destaca esencialmente su juventud, su viaje a Italia, su participación en la batalla de Lepanto, su prisión en Argel y su regreso a España.

En su análisis de la juventud de Cervantes, Varona nos muestra el cuadro de la España de su época, cuadro de grandeza y opulencia, ponderando no sólo los factores económicos sino también los políticos que caracterizaban esa grandeza. Se extiende, incluso, al reconocimiento entusiasta de la importancia literaria del Siglo de Oro y alude, entre otros méritos, a la gran innovación que en la lírica representó la introducción de los metros italianos por Boscán y Garcilaso. Es decir, Varona abarca en su estudio, todos los elementos que formaron la atmósfera moral en la que surgió el amor a las armas y las letras que caracterizó a Cervantes.

Otra etapa de la vida de Cervantes a la que Varona dio gran importancia y que pasó desapercibida para muchos de sus críticos, es su estadía en Italia, lo que constituye uno de los grandes aciertos de este trabajo. Varona comprendió cómo la inmersión de Cervantes en el renacimiento italiano lo enfrentó a una nueva interpretación del mundo clásico, y así encontró en esa etapa de su vida la raíz de su culto por el pasado glorioso y, con agudeza, consideró que la permanencia en Italia había preparado a Cervantes para su papel de censor de costumbres y de filósofo.

Coincidiendo con Varona, Américo Castro, en un libro fundamental para la historia crítica de *El Quijote*, *El pensamiento de Cervantes*,(16) ha señalado la importancia de la visita de éste a Italia. Américo Castro reconoce haberse apoyado en lo expresado por el crítico italiano Giuseppe Toffanin en su libro *La fine dell'Umanesimo,* quien en 1920 estableció una relación entre *El Quijote* y las discusiones a que se entregaban los tratadistas de poética en Italia, justamente en el período en que Cervantes se encontraba en aquel país. Toffanin destacó el hecho de que la estancia de Cervantes en Italia, entre 1569 y 1575, coincidió con la publicación de las poéticas de Castelvetro y Piccolomini, planteando el problema básico de la diferencia entre la historia y la poesía. Toffanin señala que, partiendo de las mismas circunstancias, Tasso se desesperó y Cervantes sonrió(17).

Américo Castro precisa, que la gran originalidad de Cervantes, la que forma la clave de sus más altas producciónes, está relacionada con lo que él llama el sistema de la doble verdad que, aclara, es como un despeñarse el ideal por la vertiente de lo cómico. Para Castro, la importancia de Toffanin consiste en que por primera vez va a haber un intento de deducir repercusiones metódicas a partir de la influencia italiana sobre Cervantes. Castro indica en su obra las características que va adquiriendo el renacimiento europeo en la segunda mitad del siglo XVI: la reevaluación de la poética de Aristóteles; el intento de restablecer la síntesis medieval mediante la unión del arte con la vida y, por tanto, con la moral; y encuentra la raíz de ese cambio en el fermento de insatisfacción que, matizado de cierta melancolía, se manifestaba diversamente en Tasso, Mateo Alemán y Cervantes. Américo Castro sopesó muy cuidadosamente el problema de las relaciones entre la Historia y la Poesía, tal como se debatían en la Italia de aquel momento histórico, y mostró la gran importancia que tuvieron esas ideas en la creación cervantina.

En su conferencia, Varona señala que Cervantes pudo percibir los resplandores del Renacimiento que todavía alumbraban en Italia y, al consignar las fuentes italianas de éste, cita las hermosas enseñanzas de los Ficino y los Pico de la Mirandola, las obras de Leonardo de Vinci, Miguel Angel y Rafael y, agrega, que pudo conocer a Giordano Bruno y oir a Torcuato Tasso, a quien calificó de hijo póstumo del Renacimiento. Varona sólo apuntó en líneas generales la importancia de la visita de Cervantes a Italia, porque la índole de su estudio, una conferencia sobre el autor y la significación de su obra, no le permitía detenerse más en esta etapa de la vida de Cervantes. En el libro de Américo Castro, desde luego, hay consideraciones más detalladas para fundamentar la influencia de esa estadía. Sin embargo, el enfoque de Américo Castro se centró, en cuanto a este aspecto, en evidenciar la influencia que determinadas concepciones estéticas vigentes en la Italia de la época tuvieron sobre la obra de Cervantes. Varona, sin embargo, atribuyó a esta visita repercusiones más amplias y aunque no enfocó el aspecto metódico de la cuestión, problema que sólo en el presente siglo ha recibido una atención crítica adecuada, lo señalado por el exégeta cubano está indudablemente relacionado con lo apuntado por el crítico español. Por otra parte, es preciso señalar, que a la penetración analítica de Varona no le pasó desapercibido lo que Castro consideró como la clave de la producción cervantina: la gran originalidad de *El Quijote*, es decir, lo que Castro denominó el «sistema de la doble verdad»(18), porque Varona apuntó el hecho de que Cervantes pusiera juntos «la sátira y el ejemplo» y proclamó que en él «se revelaba por primera vez en todas sus fuerzas el escritor humorista, que llora y rie a un tiempo mismo», aludiendo además a su visión omnicomprensiva que encerraba «la realidad mezquina y el ideal bellísimo que pudiera y debiera sustituirla».

En resumen, que la conferencia de Varona tiene, entre

otros méritos, el de haber subrayado en su tiempo la importancia de la estadía de Cervantes en Italia para la plasmación de *El Quijote* y este aspecto no escapó a la devoción que tuvieron por Varona dos críticos hispanoamericanos: el cubano Medardo Vitier y el puertorriqueño José Ferrer Canales.(19)

Una tercera etapa que Varona menciona en su conferencia, es Lepanto y Argel. Esta fase de la vida de Cervantes le sirve para indicar la gran calidad moral del novelista. La heroicidad de éste es subrayada por Varona en la lucha militar, Lepanto, y en el sórdido cautiverio, Argel. La última etapa de la vida de Cervantes en que Varona se detiene, es su regreso a España. Resulta impresionante la presentación que hace del cuadro de decadencia que contemplaron los ojos de Cervantes al regresar a España después de su prolongado confinamiento argelino. Varona destaca el contraste entre los sueños del escritor y la realidad española.

En esta parte de la conferencia, no sólo nos retrata fielmente la España decadente de la época sino que analiza sus causas económicas, sociales y políticas. Es muy interesante la interpretación que hace de los problemas a que se enfrentaban las distintas clases sociales españolas. Nos presenta una realidad que fue denunciada por la novela picaresca y muestra la influencia negativa de la inquisición española. En fin, que llevado por un realismo crítico genuino -no como el de algunos de sus contemporáneos que centraban su interés en encontrar en la historia española casos de locura por la lectura de los libros de caballería- el crítico cubano realizó un estudio medular de la sociedad hispánica, analizando su estructura, sus estados sociales y la influencia de los factores políticos, económicos y religiosos.

Es importante el hecho de que Varona indique como nota del teatro cervantino el propósito de advertir el peligro otomano y aproveche la ocasión para presentarnos un paralelo de Cervantes y Lope de Vega, en que al mismo tiempo que reconoce el genio de los dos grandes creadores, pone de manifiesto el contraste entre la conducta moral de ambos. Hay que recordar, a ese efecto, la polémica que Varona sostuvo con José de Armas, (Justo de Lara) sobre la moral de Lope de Vega, en la que Varona expresó opiniones semejantes a las manifestadas en esta conferencia y de Armas hizo la defensa de la conducta ética de Lope. Sin embargo, en esta conferencia, Varona, llevado un tanto por una motivación afectiva, comete, en nuestra opinion, un error de juicio crítico pues, si bien reconoce que ambos creadores pintaron magistralmente el mundo que los rodeaba, afirma que Lope, sometiéndose al capricho del público y adaptándose a la moda -cosa que es verdad-, creó una obra que sólo conservó valor histórico, afirmación que consideramos incorrecta. Con independencia del hecho que la obra maestra cervantina quede ante la historia aislada en su grandeza, es innegable que la producción de Lope rebasa el valor histórico al que Varona había intentado limitarla.

Una vez efectuada la revisión de la vida del escritor comienza Varona el trabajo analítico de *El Quijote* y, poniendo de manifiesto su complejidad, examina los elementos personales e impersonales que entraron en la composición de la obra. Condicionado por su metodología positivista, Varona utilizó el estudio de Cervantes y de su tiempo para poner de manifiesto, por una parte, en qué medida el héroe novelesco estaba inspirado en la personalidad de su autor, al que llamó, para resaltar la semejanza, andante caballero de Alcalá, y, de la otra, cómo los elementos tomados del medio social en que Cervantes desenvolvió su vida se hicieron patentes en su libro. Es decir, se refirió a lo que la crítica ha dado en llamar el realismo cervantino. Concluyendo, que en *El Quijote* se desenvolvía el cuadro fidelísimo de la España contemporánea de Cervantes. No se le escapó, sin embargo, que la categoría de obra maestra universal de *El Quijote* dependía esencialmente de la habilidad de Cervantes para plantear en la obra el gran problema humano.

Varona, al señalar que Cervantes conocía cabalmente el alma humana, reconoce que «no busquemos más lejos que en nosotros mismos los originales eternos de sus dos maravillosas figuras» y agrega que éstos «están en el fondo de toda conciencia, pugnando siempre y siempre unidos, contradiciéndose incesantemente e incesantemente de acuerdo». No corresponde a la naturaleza de este trabajo detenernos en toda la honda repercusión que tiene en la vida de Varona esa contradicción esencial que apunta. Bástenos decir que había mucho de experiencia personal cuando el crítico cubano hablaba de la quimera hermosa que seducía alguna vez el temperamento frío y positivista. En Varona siempre convivieron el positivista y el idealista, el escéptico y el creador.

Varona admira en Cervantes ese saber destacar la «terrible

ironía de la realidad», esa melancolía profunda del genio que mantiene con extraordinaria serenidad su fe en el ideal pese a sus grandes frustraciones vitales y que sabe encarnar en su obra toda esa maravillosa concepción de la vida humana. De ahí, la génesis de su gran admiración por Cervantes al que une a la lista, por él venerada, de los cultivadores del género satírico. El hombre que usará con violencia toda su agudeza irónica en *Con el eslabón*; el docto conferencista de «Victor Hugo como poeta satírico», termina su estudio exaltando el profundo mensaje de amor, la triste pero ardua tarea por el mejoramiento del ser humano que encierra la labor de los «censores generosos e indignados de los extravíos del hombre».

Por último, se debe señalar que en este trabajo aparece, además de la influencia tainiana la del criterio psicobiográfico de Sainte Beuve aunque de una manera más diluida. Ello debe tomarse como indicio de la responsabilidad crítica de Varona, quien, en una época en que predominaban los juicios puramente intuitivos, trataba por todos los medios de dotar a su obra exegética de seriedad y objetividad. Claro que, como ya hemos apuntado, siendo Varona un espíritu crítico en sí, sometió todos los métodos que utilizaba a una revisión cuidadosa. Esto originó que, si bien se pueden encontrar en su labor interpretativa, influencias, más o menos acentuadas, nunca podremos hallar fidelidad absoluta a un método específico.

Concluyendo, en el estudio psicológico que Varona hizo de Cervantes no solamente están presentes los aludidos factores tainianos que condicionaban la personalidad del autor de *El Quijote*, sino que hay también una acentuación de los factores psicobiográficos conforme a la orientación de Sainte Beuve, cosa desde luego que no aparta, en modo alguno, a Varona de su filiación positivista. Baste recordar, que el propio Taine en el prólogo a su *Historia de la literatura inglesa* vio en Sainte Beuve un antecedente de su método y reconoció su deuda con aquél.

Una revisión panorámica de la valoración recibida por este estudio cervantino debe incluir necesariamente al crítico cubano contemporáneo de Varona, Manuel de la Cruz,(21) quien, ya en 1893, en un artículo publicado en *La Nación* de Buenos Aires mencionó, entre los méritos de esta conferencia, la aplicación de lo que llamaba la nueva teoría crítica, que en Francia se había desarrollado a partir de Stendahl y culminado en Taine.

Otro crítico que supo aquilatar los méritos de este trabajo fue José Martí, quien, comentando el libro *Seis conferencias* de Varona en donde aparecía incluida ésta, hizo notar que Varona había sabido captar la grandeza de Cervantes, a quien Martí consideraba uno de los personajes más bellos de la historia(22).

La influencia tainiana en la conferencia sobre Cervantes fue apreciada también por Medardo Vitier ya en pleno siglo veinte. Vitier destacó la novedad que representaba introducir un método crítico que nadie empleaba en Cuba en aquella época(23). Para Alberto Zum Felde, esa dimensión innovadora tuvo una repercusión mucho mayor, pues le otorgaba a Varona la prioridad cronológica de haber aplicado las disciplinas introducidas por Taine en el campo de la historia y la filosofía del arte, no sólo en la crítica literaria hispanoamericana sino también en la de toda la lengua española. El autor del *Indice crítico de la literatura hispanoamericana,* después de aludir al adelanto que en el siglo XX ha esperimentado la crítica cervantina, agrega:

> ... pero nadie quita a Varona el mérito de aquella prioridad y de aquel acierto, máxime si se tiene en cuenta que, antes de él, todo era academismo retórico, aunque estuviera asistido a veces por una gran cultura literaria, como en el caso del famoso discurso de Juan Valera acerca de 'las diferentes maneras de comentar y juzgar *El Quijote*', pieza en cierto modo magistral para su época, algunos años anteriores a la de Varona, pero de todos modos, totalmente ajena a las nuevas disciplinas criteriológicas impuestas por la evolución mental del siglo».(24)

Raimundo Lazo(25), pone bien de manifiesto las coincidencias y diferencias entre el método crítico de Varona y el de Taine, pero además ve en la conferencia de 1883 un ejemplo de crítica positivista. Lazo consideró, sin embargo, que el discurso sobre Cervantes de 1905, al que aludiré más adelante, es parte de otra vertiente de la crítica de Varona, la que consideró dedicada a la captación de notas psicológicas y de puros valores estéticos.

Juan R. Remos(26) se refirió a dicha disertación de 1883 como una de las más acertadamente planeadas y desarrolladas de cuantas ofreció Varona, y la consideró, junto al discurso de 1905, como prueba de su gran acervo cultural y José Ferrer Canales(27), coincidiendo con Vitier, afirmó que en ella se ensayó por primera vez en la crítica cubana un nuevo método. Asimismo trajo a colación la opinión de José María Chacón y Calvo quien, en enero de 1916 y en carta a Varona, calificaba a éste de cervantista desde su más temprana mocedad.

III.- Los estudios más breves.

Entre los que hemos denominado estudios breves hay cinco trabajos publicados en la *Crónica de los cervantistas* de Cádiz, todos escritos en Puerto Príncipe, Cuba, y que son los siguientes:
La «Epístola cervántica» de 7 de octubre de 1872.
«Una alegoría de Cervantes» de 23 de diciembre de 1872.
«Una alusión de Cervantes» de 4 de febrero de 1873.
«Un aniversario de la muerte de Cervantes en Cuba» de 9 de junio de 1874.
«Cervantes y la bella mal maridada» de 4 de abril de 1875.
También en dicha revista aparece su soneto «Ayer y Hoy», dedicado a Cervantes, que escribió el 8 de diciembre de 1872 y que ha sido recogido en esta edición.
Además de estas colaboraciones en la *Crónica de los cervantistas,* otros trabajos sobre esta misma materia son:
«Como debe leerse *El Quijote*», artículo de 8 de mayo de 1905 publicado en la revista habanera *El Fígaro*, el día 14 del mismo mes y año.
«Cervantes y *El Quijote*», discurso pronunciado el 13 de mayo de 1905 en la Universidad de la Habana, con ocasión de los actos que ese alto centro docente llevó a cabo para conmemorar el tricentenario de la publicación de la primera parte de *El Quijote.*
«De cómo en mi niñez fui Don Quijote», artículo publicado en *El Fígaro* el día 21 de julio de 1918.
«Carta a Emilio Gaspar Rodríguez, Habana, septiembre 26 de 1922», también publicada en *El Fígaro* y que contiene comentarios sobre el libro *Puntos sutiles del Quijote* del mencionado Gaspar Rodríguez.

Juan J. Remos(28) ha hecho referencia, aunque sin mencionar la fuente, a otro trabajo de Varona del año 1908 sobre Cervantes. Cabe la posibilidad de que se trate del trabajo denominado «Cervantes», publicado en *El Fígaro* de ese año(29), en el que los editores de dicha revista reprodujeron parcialmente la conferencia que había pronunciado en 1883.

El amplio ámbito cronológico que cubren los estudios cervantinos de Varona prueba fehacientemente que su interés por Cervantes fue una constante de su crítica literaria.

En la «Epístola cervántina» Varona puso de manifiesto la importancia que la crítica extranjera le había dado a Cervantes y su obra. Demostrando su preocupación por el tema cervantino, no sólo se refirió a las últimas conferencias que sobre el mismo se habían pronunciado en París y en las provincias francesas sino que estudió la alta estimación que autores ingleses como Pope o Fielding tenían del autor de *El Quijote*. Pasando de Inglaterra y Francia a España, Varona estudió la influencia de Cervantes en la literatura crítica y en la creativa. Vio el respeto que a su autoridad se le concedía en estudios lexicológicos de la época y señaló las referencias a este autor y a su libro que encontró en la *Capitana Cook* de Castro y Serrano y en la *Burromaquia* de Gabriel Alvarez de Toledo Pellicas y Tobar. El trabajo contiene expresas afirmaciones de Varona acerca de su admiración por Cervantes y su obra y demuestra una vez más su familiaridad con las literaturas francesas e inglesas además de la española.

En su artículo «Una alegoría de Cervantes» Varona, partiendo de una interpretación tainiana de la obra de arte trata de demostrar que cuando Cervantes, en *El viaje del Parnaso*, describía la galera de Mercurio como construida por diversas estructuras poéticas, estaba siguiendo los cánones de la época. El trabajo está dedicado a mostrar los ejemplos literarios que daban cuenta de la frecuencia y popularidad de esta técnica.

Hay que hacer nota el interés de Varona por *El viaje del Parnaso*. Tres de sus colaboraciones a la *Crónica de los cervantistas* están íntimamente relacionadas con esta obra. Además del trabajo anterior, nos referimos a «Una alusión de Cervantes» y a «Cervantes y la bella mal maridada». En «Una alegoría de Cervantes» expresamente lo dice: «Después de *El Quijote* es para mí esta elegía que quiere pasar por sátira, si no la mejor, la más digna de estudio de las obras de Cervantes». Se debe recordar, y esto tiene carácter muy simbólico, que cuando los clamores de la manigua irredenta llegaron a la quietud de la biblioteca familiar del joven erudito y éste se fue al campamento mambí de Las Clavellinas para unirse a los patriotas en su lucha por la independencia, llevaba consigo precisamente un ejemplar de *El viaje del Parnaso*.

En la primera nota al pie de este trabajo, Varona reproduce el comentario que a los diecinueve años había hecho del poema de Cervantes para así poner un ejemplo del cambio de sus opiniones con el transcurso del tiempo. Constantemente Varona estuvo sometiendo sus criterios a una revaluación y cuando los cambiaba, con la honestidad que lo caracterizaba, lo reconocía y hasta lo destacaba(30). En las notas al pie número cuatro y seis, Varona aprovechó la ocasión para hacer algunos comentarios negativos de Lope y llamar la atención sobre la superioridad de Cervantes. Es más, con su sinceridad intelectual, lo reconoce: «...como tengo cierto tema contra el primero en lo que refiere al segundo...» Ya hemos mencionado en este estudio preliminar su actitud sobre Lope de Vega, lo que incluso originó la aludida polémica con Justo de Lara, sobre la moral de aquel destacadísimo escritor del Siglo de Oro español.

En su trabajo «Una alusión de Cervantes», Varona apunta la posibilidad de que en un terceto del capítulo segundo de *El viaje del Parnaso* en el que Cervantes se refería a un poeta que había que excluir de la galera de Mercurio como a «...un cierto rapaz, que a Ganimedes quiere imitar vistiéndose a lo godo...» éste aludía a Esteban Manuel de Villegas y explica las razones que lo llevaron a señalar tal posibilidad y a no compartir la opinión más generalizada de que Cervantes se refería en ese caso a su maestro Argensola. Debe recordarse que Varona estaba muy familiarizado ya en esa época con la obra de Villegas, como se hace evidente de la lectura del prólogo que escribió a su primer libro de versos *Odas anacreónticas*(31) que publicó cinco años antes de escribir este trabajo.

Este artículo, que data de cuando Varona tenía apenas veinticuatro años, comienza con unas palabras cargadas de hondo pesimismo: «...Como en el hombre todo es intermitente, hasta el amor al prójimo...» que auguran ese marcado escepticismo que se va a ir acentuando en su vida y que encuentra su sublimación en su conocidísima obra de la vejez *Con el eslabón*(32). Como hemos dicho en varias ocasiones, ese pesimismo es una constante en su vida y tuvo manifestaciones en sus trabajos de primera juventud. Del mismo año de este artículo es también su erudito ensayo «El personaje bíblico Caín en las literaturas modernas»(33), cuyo final es de franco acento pesimista. También cabe apuntar que, a pesar de las reservas que expresa Varona aquí en este artículo «Una alusión de Cervantes» por entrar en «coto vedado», es decir, en el campo de la especulación erudita, ya en esa época estaba haciendo patente, como lo demuestra, por ejemplo, el estudio de literatura comparada sobre Caín a que nos hemos referido, que pese a su juventud, sus rigurosas lecturas le habían dotado de una sólida erudición, lo que junto a su capacidad exegética muy pronto le iba a ganar el respeto de la crítica contemporánea más exigente.

El artículo «Un aniversario de la muerte de Cervantes en Cuba», que tiene fecha 9 de junio de 1874 y que fue publicado en la *Crónica de los cervantistas* cuatro meses después, está dividido en dos partes: la primera constituye un reportaje de dicha celebración y la segunda es una severa crítica a una publicación también denominada *Crónica de los cervantistas* que vio la luz en la ciudad de Matanzas. Muy de destacar en este trabajo es que alude a una conferencia que él pronunció en esa ocasión en el Casino de Puerto Príncipe, que según afirma más adelante, fue publicada en *El Fanal* de esa ciudad y que no hemos podido encontrar(34). Quizás la publicación de este artículo en donde se refiere a dicha disertación ya olvidada incite a algún investigador acucioso que tenga acceso directo a las bibliotecas cubanas, a tratar de encontrar esa conferencia. Hasta su descubrimiento cabrá siempre preguntarse en qué medida ésta del 74 contiene gérmenes de la famosa del 83.

En cuanto a la severidad con que analiza la *Crónica de los cervantistas* de Matanzas, le viene, como él indica, de su amor a la patria. Así afirma: «...importaba, pues, a la honra de Cuba, que su primera y solemne manifestación en este sentido correspondiese a la justa fama de cultura que tienen adquirida sus hijos».

En «Cervantes y la bella mal maridada» Varona, con motivo de un comentario de Puibusque acerca de que el autor de *El viaje del Parnaso* había aprovechado la descripción de la galera de Mercurio en esta obra para burlarse de los abusos que afeaban entonces la poesía, impugna dicho comentario por su tono generalizador aunque reconoce que al hacer todas las ballesteras de su nave de glosas a *La bella mal maridada* Cervantes se estaba burlando de la gran cantidad de glosas al viejo romance que se había producido en esa época. Con la claridad expositiva que lo caracterizó desde joven, Varona, después de reproducir el referido romance, ilustra al lector acerca de las numerosas glosas que se produjeron en relación con el mismo.

Varona reconoce en este trabajo lo que en otras ocasiones había señalado, es decir, la gracia y la discreción con que Cervantes utilizaba la sátira. También aquí llama la atención, comentando la popularidad del antiguo romance, que la sátira era motivada por el valor estético de la obra y así como por su temática. Apuntaba que, como una reacción a las limitaciones impuestas al genio creador en materia política y dogmática, el artista se desquitaba en el plano moral, y así mostraba el favor del público que gozaron obras artísticas, no caracterizadas precisamente por su moderación ética, entre ellas *La Celestina*, y mencionaba otras obras de similar audacia aunque indudablemente no de su misma calidad artística.

El primer párrafo de este artículo es otro ejemplo de la posición crítica de Varona en cuanto a seguir los cánones de la exégesis positivista, pero siempre sometida a contínuas revisiones. A pesar de considerar que todo artista verdadero se inspira en un principio fecundo que tiñe muchas de sus manifestaciones, esto no lo podía llevar a caer en el error de ver a un genuino creador supeditado a una sola idea. El criterio, totalizador y carente de seriedad, de que Cervantes es un tenaz satirizante es impugnado por el crítico cubano. Cervantes utiliza frecuentemente la ironía y la sátira y así lo sostiene Varona, pero lo que repele es el criterio exagerado que constituye el ver un elemento satírico en todo lo que escribía Cervantes.

En su artículo «Cómo debe leerse *El Quijote*» Varona presenta los distintos significados que tuvo para él esta obra. La creación de Cervantes le produjo diferentes pero lógicas reacciones, según la época de su vida en que la leyó. Fue fuente de alegría en la niñez, de poesía en la adultez, de resignación en la vejez. Es decir, encontró en ella lo que cada edad le demandaba. Esta diferencia de significado nos hace recordar el prólogo que Heine escribió a la edición alemana de esa obra en 1837(35). Hasta aquí sólo llegan las coincidencias, pues mientras que en Varona cada lectura revelaba un aspecto positivo de El Quijote, las reacciones de Heine fueron de diferentes matiz, al desplazarse de la exaltación emotiva con que acogió la novela en sus lecturas infantiles, a la repulsión brusca del libro bajo la prevención de considerarlo muy poco recreativo en la juventud hasta caer de nuevo en un proceso de reconciliación en la madurez.

Otro aspecto de este trabajo que merece atención es su ataque a cierta crítica de finales del siglo XIX que consistió en estrechas interpretaciones linguísticas de El Quijote. A estos críticos Varona los llamó además de comentadores e intérpretes, levantadores de horóscopos, descifradores de enigmas y adivinos. Comprendió que esa labor exegética era inofensiva para los enterados, pero perjudicial para los nuevos lectores de El Quijote. La existencia de esa crítica que urgaba en las arideces del texto y perdía de vista la significación total de la obra fue denunciada también en un libro muy fundamental para la historia de la crítica cervantina en el siglo XX: Vida de Don Quijote y Sancho de Miguel de Unamuno.

De su discurso «Cervantes y El Quijote» es necesario señalar varios aspectos. Unos se refieren sólo indirectamente al tema tratado, pero es importante fijarse en ello porque nos hacen patente ciertas actitudes vitales del crítico cubano; otros están íntimamente relacionados con el tema cervantino. En cuanto a los primeros, es de destacar el hecho de que Varona comenzó su pieza oratoria reconociendo la importancia de la lengua española como vínculo de unión espiritual. Esa devoción por el español estuvo siempre presente en su vida. A ese efecto cabe recordar que fue el primer director que tuvo la Academia Cubana de la Lengua y que en su juventud dedicó buena parte de su tiempo a sustanciales estudios lexicológicos. También es de observar en el trabajo, cómo enfatizó la trascendencia de la adhesión de Cuba al homenaje a Cervantes, a pesar de que se producía a raíz del logro de la independencia de su patria y su consecuente separación política de España a la que, no obstante, calificó de gran nación. Varona evitó por todos los medios que la pasión política enturbiara su intelecto. Se sintió unido y formando parte de la riquísima tradición cultural hispana. Sus rebeldías de patriota, su amor entrañable por su país, lo llevaron a censurar acremente a los gobernantes españoles de su época, debido a las condiciones históricas, pero nunca le entibiaron su amor por la madre patria y por la cultura española.

Entrando ya en el campo del estudio cervantino propiamente, merece comentarse la reiteración que Varona hace de la perspectiva positivista que exhibió en su ya estudiada conferencia sobre Cervantes. Aquí vuelve a mostrar a *El Quijote* como producto del siglo XVI y a poner de relieve las entrañas populares de la obra aunque sin detenerse en el uso de la terminología tainiana. Aprovecha esta ocasión para esbozar las relaciones de *El Quijote* con el Romancero, encontrando en éste la fuente inspiradora tanto de la tipología como del lenguaje cervantino. Fue en el Romancero donde Varona encontró la raíz de la grandeza de Cervantes. Varona vio en *El Quijote* la fusión perfecta de la idea y de la forma y comparó la calidad extraordinaria de la lengua de su autor con la de dos genios literarios que admiraba mucho: Dante Allighiere y William Shakespeare.

La segunda y última parte del discurso en cuestión está dedicada a probar las razones por las cuales Cervantes había sido colocado en la categoría de los genios universales y por qué este libro es eterno. Esto lo llevó a compendiar los méritos de *El Quijote* donde la crítica de fines del siglo XIX y principios del XX ha encontrado valores imperecederos. Destacó la fantasía de Cervantes, su poder evocador y pictórico, su realismo, su capacidad de crear seres vivos y dotados de un simbolismo transparente, viendo en él un creador de mitos, lo que le permitió entrar en el problema de la significación de la obra y el simbolismo de sus dos grandes figuras. Vuelve aquí a repetir su concepción, expresada ya en la conferencia sobre Cervantes, de que Quijote y Sancho representan dos aspectos diversos pero paralelos de dos distintos planos de la vida humana. Varona le atribuye a esa concepción profunda un valor que excede a las otras virtudes del libro y llega a la conclusión de que la obra de arte es aquélla que plantea, de algún modo, el enigma del destino humano.

Esta conferencia finaliza, en encendido lirismo, comparando las obras maestras de la literatura con lagos suspendidos en las montañas, lo que, por ende, constituye una prueba más de la excelencia de la prosa varoniana que, en ocasiones, alcanzaba hasta las más puras esencias poéticas.

De indudable valor autobiográfico es esa cándida y hermosa viñeta que apareció en *El Fígaro* de la Habana, en 1918, titulada

«De como en mi niñez fui Don Quijote». En ella, Varona nos cuenta de sus andanzas de niño, con un viejo espadín en la mano, y la reacción de hilaridad de las vecinas que le hicieron volver a su «ser natural de chicuelo algo simplecillo y no poco encogido». La semblanza en cuestión no sólo nos trae la relación de algunas de sus lecturas infantiles: *Los tres mosqueteros* de Alejandro Dumas, padre; el *Gil Blas de Santillana* de Lesage, seguramente en la versión del padre Isla; los cuentos de *Las mil y una noches,* etc., sino que nos advierte que ya desde muy pequeño sintió una gran afición a la lectura que sería la base de su asombrosa erudición.

En la carta de 1922 que dirigió a Emilio Gaspar Rodríguez sobre el libro de éste, *Puntos sutiles del Quijote,* a pesar de la nota al pie con que apareció en *El Fígaro,* la crítica de Varona no es del todo positiva sobre su aspecto literario. Veía en Gaspar Rodríguez más cualidades potenciales para el cultivo de la historia, y así lo expresaba, aunque lo cubriera con la cortés justificación de que el tema cervantino había sido tan estudiado que apenas sí dejaba cabida para nuevas aportaciones.

En resumen, una de las claves de interpretación de la vida de Varona está en su extraordinario interés por Cervantes, que fue uno de los temas que más lo apasionó pues, como se ha visto, empezó a escribir sobre él desde muy joven y siguió ocupándose del mismo durante toda su vida. La inteligente crítica social que se anida en esa inmortal novela moderna lo atrajo extraordinariamente como también el profundo mensaje de esperanza que es en sí toda esa obra. Para este pensador cubano que destila su escepticismo en esas páginas impresionantes de *Con el eslabón*, la sátira cervantina es alimento fecundo, pero el ejemplo del Quijote también le dicta normas a una vida dedicada a amar a su patria y a saturarse de un ansia permanente de encontrar las mejores soluciones para los problemas de su pueblo. El patriota insigne, el repúblico transido de angustia pero siempre manteniendo una conducta ética que muchas veces serviría de contraste ejemplar, el anciano profesor que era la representación de la dignidad de la patria para las nuevas generaciones, tuvo mucho de Quijote en su vida, a pesar de su positivismo. Ese crear de Varona pese a no creer tiene sin duda una relación muy entrañable con su devoción cervantina.

Este trabajo de investigación y recopilación no pretende ser exhaustivo. Es posible, que en alguna olvidada revista americana o europea espere ser descubierto un artículo varoniano sobre este tema. El que esté al tanto de la obra de Varona sabe de su amplitud y de cuán numerosos son los órganos de publicación en que colaboró.

Si este trabajo sirviera de estímulo para intensificar la investigación sobre la valiosa obra del eminente crítico positivista, cumpliría con ello sus objetivos.

NOTAS

1. Una relación de los grandes hombres de letras de América que mostraron su preocupación por el tema cervantino tiene que incluir necesariamente a Andrés Bello, Domingo Faustino Sarmiento, Miguel Antonio Caro, Juan Montalvo, Rubén Darío, Rufino José Cuervo, José Enrique Rodó, Leopoldo Lugones, Antonio Gómez Restrepo, José Vasconcelos, Alfonso Reyes, Jorge Luis Borges, Germán Arciniegas, Justo de Lara, José María Chacón y Calvo y Jorge Mañach. La nómina de todos los escritores de Hispanoamérica que se han sentido atraídos por Cervantes y su obra sería interminable, aunque esta preocupación cervantina ha variado en intensidad, pues, mientras algunos se ocupan del tema sólo incidentalmente, otros, como Montalvo y Varona, por ejemplo, mostraron gran dedicación a estos estudios. Sobre el cervantismo en América, véase: Francisco Rodríguez Marín. «El Quijote y Don Quijote en América», *Estudios cervantinos,* Madrid, Patronato del IV Centenario de Cervantes, 1947, pp. 93-138. Juan Uribe Echevarría. «Cervantes en las letras hispanoamericanas», *Cervantes y el Quijote,* II, Ediciones de la Universidad de Chile, 1949, pp. 431-526. Rafael Heliodoro del Valle. «Bibliografía cervantina en América», *Revista de las Indias,* Bogotá, No. 76, abril, 1945, y, Emilio Carilla. *Cervantes y América,* Universidad de Buenos Aires, 1951.

2. Nos referimos a la conferencia dictada por dicho presbítero en la Sociedad Científica-Literaria de Filosofía y Letras y Derecho titulada «Lectura sobre Cervantes».

3. La bibliografía cervantina de Justo de Lara excede cuantitativamente a la de Varona. Entre otros títulos podemos citar: *Cervantes y El Quijote; El Quijote y su época, El Quijote de Avellaneda y sus críticos; Cervantes, Boceto Biográfico; Cervantes en la literatura inglesa; Cervantes y el Duque de Sessa; Los plagios de Cervantes;* y, *Un tipo de envidioso literario.*

4. Esteban Borrero Echevarría. *Alrededor del Quijote,* La Habana, La Moder-

na Poesía, 1905.

5. En: *Revista Cubana,* Año XXII, enero-diciembre de 1947, pp. 75-79. Como dato curioso debe señalarse que Piñeyro colaboró en un periódico satírico-burlesco de la Habana publicado en los años 1864 y 1865, titulado *Don Quijote*. Los artículos de Piñeyro aparecieron firmados bajo el seudónimo de Ginés de Pasamonte siguiendo la costumbre de los colaboradores del periódico de firmar con nombre de los personajes de las novelas de Cervantes. Véase al efecto la bibliografía de Enrique Piñeyro confeccionada por el propio autor en su obra *Vida y escritos de Juan Clemente Zenea,* La Habana, Consejo Nacional de Cultura, 1964, p. 242.

6. José María Chacón y Calvo. *Cervantes y el Romancero,* La Habana, Imprenta El Siglo XX, 1917. El libro en que apareció recogida posteriormente fue *Ensayos de literatura española,* Madrid, Editorial Hernando, 1928. Dicha conferencia ha aparecido además en *Revista de la Facultad de Letras y Ciencias,* La Habana, 24, 1917, pp. 1-30; y en *Revista Cubana,* La Habana, Año XXII, enero-diciembre de 1947, pp. 83 y ss.

7. Zenaida Gutiérrez Vega. *José María Chacón y Calvo, hispanista cubano,* Madrid, Ediciones Cultura Hispánica, 1969, p. 183.

8. Alberto Zum Felde. *Indice crítico de la literatura hispanoamericana,* I, México, Editorial Guaranía, 1954, p. 586. Sobre el ensayo de Mañach, véanse: Andrés Valdespino. *Jorge Mañach y su generación en las letras cubanas,* Miami, Ediciones Universal, 1971, pp. 93-108; y, Amalia V. de la Torre. *Jorge Mañach, el maestro del ensayo,* Miami, Ediciones Universal, 1978, pp. 124-163.

9. Juan J. Remos escribió un estudio titulado «Tradición cervantina en Cuba» donde efectuó una revisión panorámica de la misma, en *Revista Cubana,* Año XXII, enero-diciembre de 1947, pp. 170-205.

10. Mariano Aramburo. «Los documentos judiciales de Don Quijote», *Diario de la Marina,* La Habana, noviembre 25 de 1916. Apareció recogido, además, en el libro de ese autor titulado *Discursos,* que con prólogo de José María Chacón y Calvo, se imprimió en San José, Costa Rica, en la imprenta J. García Monge, 1922.

11. El ilustre puertorriqueño, a quien tanto le debe la educación cubana, escribió un interesante ensayo titulado «Cervantes como educador». (Véase: Remos. *Revista Cubana,* art. cit., pp. 193-194).

12. Alberto Gutiérrez de la Solana en su libro *Investigación y crítica literaria y lingüística cubana* (New York, Senda Nueva de Ediciones, Inc., 1978) hace referencia a los siguientes trabajos de escritores cubanos sobre Cervantes y su obra: Sergio A. Méndez Peñate. *Estudio estilístico del Quijote,* Salamanca, Gracifesa, 1972; Roberto Herrera. «La vigencia del Quijote», *Charlas literarias,* Miami, Ediciones Universal, 1972, pp. 49-53; Carlos Alberto Montaner. «Notas a 'El Quijote' y a 'El idiota'», *Galdós humorista y otros ensayos,* Madrid, Editorial

Partenón, 1970, pp. 39-49; Raimundo Fernández Bonilla. «La cueva de Montesinos: un rito medicinal (el reverso del Quijote)», *El tiempo como Juno. Siete ensayos sobre la literatura española,* New York, Iberama Publishing Company, 1972, pp. 17-38; y, «Hatzfeld y el problema de las relaciones de los recursos estilísticos con la 'ideología' del Quijote», *Ibid.,* pp. 39-42; y, Francisco J. Zayas. *Un cervantista cubano olvidado: Ciriaco Sos Gautreau,* Brockport, State University of New York, 1973.

13. Parte de este trabajo, ligeramente modificado, fue publicado bajo el título «La conferencia sobre Cervantes de Enrique José Varona» en *Círculo: Revista de Cultura,* Vol. VI, 1977, pp. 73-80.

14. Esta conferencia fue pronunciada en el Nuevo Liceo de la Habana el 23 de abril de 1883.

15. Véase Zum Felde. *op. cit.,* p. 237.

16. Américo Castro. *El pensamiento de Cervantes,* Barcelona, Editorial Noguer, 1972.

17. Giuseppe Toffanin. *La fine dell'Umanesimo,* Torina, Bocca, 1920, p. 213.

18. Américo Castro. *Op. cit.,* p. 30.

19. Véase Medardo Vitier. «La lección de Varona», Jornadas, El Colegio de México, 1945, p. 16 y, José Ferrer Canales. *Imagen de Varona,* Puerto Rico, Editorial Universitaria, 1973, pp. 95 y 104.

20. Hyppolite Taine. *Histoire de la litterature anglaise,* Paris, L. Hachette et Cie, 1897-99, 10ª edic., XIV.

21. Manuel de la Cruz. «Enrique José Varona», *Homenaje a Enrique José Varona,* La Habana, Ministerio de Educación, 1951, p. 290.

22. José Martí. «Seis conferencias de Enrique José Varona». *El economista americano,* New York, enero, 1887, reproducido en *Homenaje,* pp. 266-269.

23. Medardo Vitier. «La obra literaria» en *Obras de Enrique José Varona,* vol. I, edición oficial, La Habana, 1937, pp. 21-72.

24. Alberto Zum Felde. *Op. cit.,* p. 237.

25. Raimundo Lazo. «La crítica literaria de Varona», *Academia Nacional de Artes y Letras, Anales,* La Habana, año XXXV, Tomo 28, 1949, pp 26-27.

26. Juan J. Remos y Rubio. *Historia de la literatura cubana,* vol. II, Miami, Mnemosyne Publishing Co. Inc., 1969, p. 709.

27. José Ferrer Canales. *Op. cit.,* pp. 94 y siguientes.

28. Juan J. Remos. *Historia,* vol. II, p. 709.

29. Enrique José Varona. «Cervantes», *El Fígaro,* La Habana, año XXIV, 1908, núm. 44, p. 559.

30. Otro ejemplo fue la salvedad que hizo Varona a la crítica que había efectuado sobre Augusto Comte en su artículo «El positivismo por Andrés Poey» en ocasión de ser recogido este trabajo en su libro *Estudios literarios y filosóficos,* la Habana,

La Nueva Principal, 1883, p. 217.
31. Enrique José Varona. *Odas anacreónticas.* Puerto Príncipe, 1868.
32. Enrique José Varona. *Con el eslabón,* Manzanillo, El Arte, 1927.
33. *Obras de Enrique José Varona.* Vol. I, pp. 13 y siguientes.
34. En el *Catálogo de publicaciones periódicas cubanas de los siglos XVIII y XIX* de la Biblioteca Nacional José Martí, editado por el Departamento Colección Cubana de dicha institución, publicado en La Habana, en 1965, aparece en la pág. 145 que dicha biblioteca sólo posee los siguientes números de *El Fanal,* Puerto Príncipe: 1845, abril 16; 1847, mayo 13-16, 18, noviembre 13; 1868, abril 22; 1879, enero-febrero, marzo 1-28; 1880, abril, junio.
35. Puede verse E. Heine. *Páginas escogidas* (versión de E. Díez-Canedo), Madrid, Casa Editorial Calleja, 1918.

LA CONFERENCIA

CERVANTES*

Señoras y señores:

Entre los diversos sentimientos que dan tono a nuestro ánimo, pocos son tan poderosos, ni tan capaces de inflamar la fantasía y mover la voluntad, como la admiración. Cuando lo bello o lo grandioso ocupan nuestra vista y nos subyugan, hay luego como una interna reacción de nuestras fuerzas que dilatan nuestro espíritu, lo saca de su nivel y parece elevarlo a la altura del objeto contemplado. Y como en el hombre no hay sensación, ni imagen ni afecto, que de una u otra suerte no se convierta en acción, o en tendencia al menos para la acción, la necesidad de imitar, de realizar, por decirlo así, la semejanza, adquiere en estos casos una incontrastable energía, que la convierte en un instrumento feliz de educación personal y de progreso. Tratamos de apropiarnos, de poseer aquella hermosura: queremos dar a nuestras almas el temple de aquella grandeza. Ved aquí explicados el prepotente influjo de los hombres superiores sobre sus coetáneos y la marca indeleble que dejan en la Humanidad los que pisan las cumbres radiosas del heroísmo o del genio. Por eso ninguna religión ha unido más durablemente a los humanos que el fervoroso amor, el culto, pudiéramos decir, de los grandes hombres. Todavía hoy, después de tan larga sucesión de siglos, tratamos de penetrar, movidos de respeto, las espesas tinieblas que rodean la vida de Homero, y nos detenemos sobrecogidos ante el impávido estoicismo de Marco Bruto. Donde quiera, en cualquier época que un hombre ha poseído en grado excelso alguna de las cualidades que ennoblecen nuestra especie, allí ha ido a buscarlo la posteridad para saludarlo como precursor y aclamarlo como ejemplo.

El estudio de esas vidas ilustres, la apreciación de los hechos y las obras de esos hombres insignes, ha sido labor predilecta para la curiosidad humana, que ha querido descubrir el móvil primero, el poderoso resorte que los impulsó durante toda su carrera para remontarse y sobresalir, su carácter, en fin, producto a la vez de todas las fuerzas de su espíritu, exponente de todas sus actividades; lazo de unión de sus actos, expresión objetiva de su personalidad, por donde se distinguen y separan de la uniforme e incolora muchedumbre de sus semejantes. Estudiar una vida de hombre no es otra cosa que poner en claro un carácter. Pero aun la más oscura, insignificante y monótona sería un indeterminado problema, una sucesión inconexa de escenas sin sentido apreciable, si a la par del hombre y de sus hechos no considerásemos atentamente su sociedad habitual, sus ocupaciones más frecuentes, los grandes y pequeños sucesos de que es testigo o en que es actor; en una palabra: el medio en que se desenvuelve, que lo conforma y lo solicita a la acción. Y si el estudio de estos factores, por su misma complejidad, es siempre difícil y laborioso, ¿qué será cuando se trate de uno de esos individuos tan ricamente dotados que logran reflejar en su clara y vasta inteligencia la inextricable trama de la vida humana, cuyos hilos más tenues siguen y conocen, como si asistieran al invisible telar en que se anudan; tan exquisitamente sensibles que en su corazón se repercuten así las grandes como las pequeñas alegrías, las breves penas y los tremendos dolores de la Humanidad, a semejanza de esas cuerdas simpáticas prestas a vibrar con todos los sonidos; tan poderosamente expresivos, que tienen un acento, una imagen, una fórmula, para cada pasión, para cada aspecto de la vida, para cada problema de la sociedad; y después de reconcentrar en sí todas las palpitaciones, todas las ideas, los sueños todos y las aspiraciones de un país o de una época, saben fijarlos en formas imperecederas, para devolverlos a la Humanidad que se los inspiró, como su imagen embellecida y perfecta? Los datos primordiales de la naturaleza humana se combinan entonces por modo tan vario con los resultados de las circunstancias históricas, que todas las luces de la erudición y toda la sagacidad de la crítica apenas son suficientes para permitirnos trazar un bosquejo que no resulte luego caprichoso engendro de la fantasía. Hay que reconstituir los tiempos y la sociedad en que floreció el personaje, para colocarlo en su medio natural, contemplarlo a su verdadera luz, y poderlo apreciar en su genuino valor y en toda su significación. Considerad ahora si estas dificultades no son mayores para mí, que no puedo contar con auxilios tan eficaces, y que he de acometer, sin embargo, tamaña empresa, por deferir a los deseos de las distinguidas personas que dirigen esta Sociedad, estrechado además por la forma y los límites de una peroración; y disponeos, os ruego, a escucharme con benevolencia.

El *Liceo* consagra esta noche a conmemorar el aniversario de la muerte de Cervantes: el objeto de mi discurso ha de ser, por tanto, estudiar a este egregio escritor en relación con el estado político y social de su país en su tiempo, para tratar de descubrir en sus hechos y obras su carácter, y seguir el desarrollo y asistir al florecimiento pleno de su poderosa inteligencia. Si estuvieran mis facultades al nivel de mi asunto, podría con certeza presumir que despertaría vuestro interés y cautivaría vuestra atención, haciéndoos ver el feliz concierto que reina entre la obra y la vida que vamos a examinar, y por el cual si interesantes son las producciónes del artista, no lo son menos las acciones del hombre, hasta el punto de encontrarnos con un héroe donde sólo esperábamos admirar un genio.

Nació Cervantes en el punto en que parecía culminar la edad heroica de España, al mediar el siglo XVI, cuando el césar Carlos V no daba aún señales de fatiga y el rumor de sus armas y el resplandor de su gloria llenaban el mundo. El cuadro que se presentó a sus ojos en los albores de su juventud, en la edad hermosa de la admiración fácil y del entusiasmo fervoroso y activo, era capaz de producir completo deslumbramiento en las vistas más expertas. Todo en torno suyo se ostentaba lleno de vida y lozanía. Los reinos, agrupados bajo el cetro del segundo Felipe, emulaban en las varias esferas de la actividad social, cada uno según su situación, población y costumbres, contribuyendo todos a la prosperidad interior de España. Del noroeste al Mediodía, siguiendo el litoral en toda su extensión, y penetrando luego hasta el centro mismo del país, si variaban las producciones, no decaía el asiduo trabajo del hombre para arrancar a la tierra sus productos más preciados: la fruta del país cantábrico y los cereales de ambas Castillas eran tan famosos como las maravillas de la huerta de Valencia y de la vega de Granada, donde florecían en deleitoso consorcio plantas de todos los climas, y donde el cultivo, estrecho ya en la profundidad de los valles, se subía osadamente hasta las mismas cumbres de las Alpujarras. Extremadura sustentaba innúmeros ganados, y Asturias, Navarra y la región vascuence estaban asimismo cubiertas de pastos y rebaños. Diversas y ricas industrias aumentaban el crédito de la nación. Los tafiletes de Córdoba, los paños de Segovia, los damascos de Talavera, los tisúes de Toledo, las sedas y brocados de Sevilla, no tenían par en Europa; el comercio entre los distintos reinos y con el extranjero estaba en su apogeo; cuando se hablaba de las ferias de Medina del Campo, no se contaba sino por millares de millones; Barcelona daba la ley comercial hasta los más remotos mercados de las escalas de Levante; pero sobre todas se elevaba Sevilla, convertida, sin hipérbole, en emporio del comercio del mundo, de quien eran tributarios lo mismo Flandes que Italia, y a donde afluían los tesoros de las Indias orientales y las riquezas inagotables de ambas Américas.

Si tan grande era la prosperidad, no menor era el poderío. Los dominios del rey de España se dilataban por toda la tierra: hombres de las más diversas razas, de las más extrañas lenguas, obedecían su cetro; en Europa era señor de la más bella parte de Italia y de los industriosos y opulentos Países Bajos; en el centro mismo del Occidente, como atalaya entre Francia y Alemania, poseía el Franco Condado; un ejército aguerrido, una armada formidable, grandes generales de mar y tierra y diplomáticos sagaces en todas las Cortes, aseguraban su preponderancia en los asuntos del mundo. La nación española se miraba en la cúspide de la grandeza, y estaba como poseída del vértigo de las alturas. Desde el monarca, el frío y receloso Felipe, hasta el oscuro aventurero sin otro patrimonio que su espada, todos tenían una fe inquebrantable en el poder y la fortuna de España, y creían ilimitados sus recursos, posibles todas las empresas, asequibles hasta los sueños más fantásticos. Lo real y lo imaginario se mezclaban en su ánimo en proporciones iguales, produciendo a sus ojos los más extraños y brillantes espejismos.

Esta fué la atmósfera moral que respiró en su juventud Cervantes. Impetuoso, ardiente, ávido de conocer el mundo, de enriquecer su inteligencia y de ejercitar su actividad, un inmenso horizonte se le presentaba delante, ofreciendo a su mente doradas perspectivas, perdidas aún en las lejanías de lo futuro, pero entrevistas y gozadas ya en las promesas de su rica imaginación. Gustaba de las letras, alimento de los espíritus elevados y movidos de sana curiosidad, y las veía florecer en su patria con inusitada lozanía. La prosa castellana adquiría en la pluma de los Mendoza, los Granada y los León, los caracteres de amplitud, grandilocuencia y majestad que constituyen su principal ornato; la poesía se transformaba siguiendo las huellas de Boscán y Garcilaso, participando de la abundancia y armonía de los metros toscanos; el estudio de las lenguas y de las humanidades, de las ciencias y la filosofía, era tenido en grande estima y aseguraba renombre e importancia social; las Universidades apenas podían contener la muchedumbre de estudiantes que frecuentaban las aulas, y había que fundar estudios para españoles en los principales centros universitarios del extranjero; su misma ciudad natal, la célebre Compluto, disputaba a Salamanca el primado de la vida intelectual, y en las aulas de sus colegios famosos más de once mil jóvenes se preparaban gallardamente a conquistar renombre y honores, sometiéndose durante largos años a la severa disciplina de los estudios. Cervantes no se contó en su número: los recursos de sus padres eran demasiado exiguos; pero participó de su entusiasmo, tuvo que suplir con su aplicación y esfuerzos los medios que le negaba la fortuna, y hasta para cultivar su inteligencia hubo de separarse de la generalidad de sus compañeros y probar los amargos dejos del aislamiento. Pero ¿que importaban, en esa hora temprana, al mancebo anheloso de gustar a toda costa el fruto soñado como exquisito? Cervantes quiso estudiar, y estudió como pudo.

Por otra parte, su condición de noble le imponía como obligación patriótica el servicio de las armas, y su impetuosidad natural se lo hacía apetecible. No había entonces lugar de la tierra en que no contendiese España para asegurar su dominación o por extenderla, y navegantes osados acababan de franquearle el dominio del mar. De las más remotas partes del globo llegaba a los oídos de los españoles un rumor incesante de armas, y andaban de boca en boca las narraciones de encuentros y batallas con muchedumbres innumerables, de conquistas de imperios inmensos y de tesoros sin tasa, de hazañas de la fábula realizadas y tangibles. Pisar la tierra firme o las islas del mar océano, desenvainar la espada y ganarse un señorío, como un reino, debía parecer tan fácil de concebir como de realizar a tantos jóvenes hidalgos sin techo, aunque con solar conocido; a tantos segundones, criados en la abundancia y destinados poco menos que a la miseria. Cervantes sintió también los ímpetus que arrastran a la vida activa y la fascinación de los peligros gloriosos. Unir el cultivo de las letras al oficio de la guerra ni era nuevo, ni poco provechoso en aquella edad: así es que su doble vocación no debió embarazar mucho en sus comienzos a Cervantes.

La primera, las aficiones literarias, fueron sin duda las que le llevaron a aceptar una posición que en aquellos tiempos no implicaba desmerecimiento personal, y que aseguraba a los ingenios poco o nada acomodados el vagar necesario a sus estudios. Entró, como familiar, en la casa de un dignatario de la iglesia romana, y en su compañía pasó al país de sus ensueños de artista: a Italia. Todavía alumbraban la península los resplandores del Renacimiento; todavía, a pesar de la reacción clerical, del rigorismo de espíritus limitados y del despego de espíritus acomodaticios, más dispuestos a seguir las corrientes del favor de los grandes que los dictados de su conciencia, las hermosas enseñanzas de los Ficino y de los Pico de la Mirandola apasionaban las inteligencias privilegiadas, y la belleza realizada por las manos divinas de un Vinci, un Miguel Angel o un Rafael daban testimonio inmortal de su excelencia. Cervantes pudo conocer a Giordano Bruno, que ha sido llamado *el caballero andante de la filosofía*, y pudo oir a Torcuato Tasso, hijo póstumo y excelso de aquel grandioso desposorio del arte antiguo con el espíritu moderno. Esos ilustres representantes de un ideal proscrito le inspiraron uno de los sentimientos más naturales al entusiasmo juvenil: el culto por un pasado glorioso. Su mirada se dilató por nuevos y espléndidos horizontes; oyó hablar de la belleza, del valor, de la virtud, de la felicidad, en un nuevo lenguaje, y se formó ese concepto altísimo del arte que lo disponía para su papel de reformador literario; conoció una nueva interpretación del mundo clásico, vió una sociedad distinta, que también se llamaba *su heredera*, y pudo establecer fructuosas comparaciones y adquirir esa noción altísima de la vida, que lo preparaba para su papel de censor de costumbres y de filósofo.

La observación tranquila y la especulación le retuvieron algún tiempo en sus doradas redes; pero ni su carácter podía acomodarse a la situación que había aceptado, ni las circunstancias eran favorables a retener en la vida contemplativa un mancebo impetuoso, en los primeros hervores de su mocedad. Cervantes no había nacido para cortesano, como lo dice él mismo en ese lenguaje sin afeites con que suele expresar las verdades más amargas; tenía vergüenza y no sabía lisonjear. La atmósfera de un palacio había de parecer demasiado enrarecida a un ánimo noble, enamorado de la sinceridad caballerosa y de la justicia no adulterada por el favor o el interés. Al mismo tiempo, todo era en torno suyo vida y movimiento, no se hablaba sino de heroicos designios, de empresas grandiosas, y toda la Italia resonaba con los aprestos marítimos y el estruendo de las armas. Nuevo y próximo peligro amenazaba a las naciones del litoral mediterráneo, y tras ellas a la cristiandad y su gloriosa civilización. El Islam, vencido tantas veces, había adquirido nuevos ímpetus por la transfusión de una sangre vigorosa: bajo la dirección de los turcos se había afianzado en el extremo oriental de Europa, disputaba palmo a palmo y victoriosamente el norte de Africa, poblaba de sus atrevidos corsarios lo mismo el Adriático que el Tirreno, amagaba a Malta, se apoderaba de Chipre y amenazaba a un tiempo al imperio, a Italia y España. Hacíase necesario intentar un supremo esfuerzo; los pueblos latinos se preparaban con decisión y entusiasmo, y el rey católico era llamado a dirigir la empresa. Cervantes, atraído por lo glorioso del empeño y por el renombre del caudillo, el célebre don Juan de Austria acude a tomar puesto bajo sus enseñas y concurre a ilustrar—él, humilde y oscuro soldado—la famosa jornada de Lepanto. Postrado estaba por la fiebre en el lecho al rayar el día del temeroso encuentro; mas a los primeros disparos, sordo a toda otra voz que a la de su pundonoroso brío, acude a lo más recio de la pelea, de donde han de retirarlo al cabo mal herido y estropeado para siempre de la mano izquierda.

Parece éste el prólogo de una vida que ha de discurrir entre aplausos ruidosos y ha de llegar a la posesión legítima de los honores y la fortuna; pero no es sino la primera escena de esa interminable serie de catástrofes y desventuras que componen la trama toda de la existencia de este hombre extraordinario. Soñaba, sin duda, desde su pobre jergón, en la carrera gloriosa que su propio valor y sus merecimientos acababan de abrirle, y fué a despertar en una oscura mazmorra de Argel.

La recompensa y los adelantos que esperaba se le trocaron de improviso en la cadena del cautivo y en los horrores de la servidumbre entre los enemigos de su fe y de su patria. Larga y dolorosa fué su esclavitud; pero de la prueba salió de una vez para siempre aquilatada su alma heroica. Fué en Cervantes preparación y aviso de la madurez de su ingenio excelso el florecimiento de las virtudes más altas. Sufrió el dolor, no ya como un estoico que pone orgullo en despreciarlo, sino como quien sabe que es accidente natural en una vida humana y que es más bello convertirlo en motivo de perfección para sí mismo y de enseñanza y ejemplo para los otros; por eso vivió, entre los cristianos que compartían su suerte, como hermano y misionero. No aceptó nunca el yugo, y trató de romperlo en todas ocasiones, ya solo; ya acompañado, sin parar mientes en el peligro, pero queriendo para sí toda la responsabilidad. Cada vez que se descubría alguno de sus planes temerarios, descargaba briosamente a sus cómplices de toda culpa y se presentaba impávido, como el único merecedor de castigo. No olvidó jamás, en situación tan angustiosa, el peligro de su patria, y, cargado de hierros, concibió el proyecto de destruir aquel nido de piratas, libertar en un solo día a todos los cautivos, y salvar de una amenaza permanente la seguridad de España. Si no realizó tan magna empresa, no fué por abandono ni tibieza suya: todo lo tuvo a punto; mas le faltó el socorro que de su gobierno esperaba. Y todavía, en medio de estas luchas, de este anhelar perenne, de tan recios trabajos y con tales riesgos de suplicios y muerte, conservó tan entera posesión de su ánimo, que no descuidó el cultivo de su espíritu; y cuando no podía alentar a sus compañeros con promesas de libertad, los solazaba, al menos, con sus versos, escritos en el idioma nativo, para hablarles de la patria, tan próxima en la realidad y tan lejana para sus impotentes esfuerzos. De este modo, en medio de las fatigas militares como de las faenas del cautiverio, se conservaba fiel a su primera vocación, y continuaba aspirando a brillar en la pléyade luminosa de los ingenios igualmente renombrados entonces por la pluma y por la espada, a ocupar un puesto al lado de los Rufo y los Artieda, los Aldana y los Ercilla.

Cuando por fin, y tras amarguras sin cuento, recobra la libertad y saluda alborozado el suelo patrio, esa es su mayor preocupación. Quería continuar sus servicios como soldado, y escribir, para los que tenían el deber de oírlo y entenderlo, todo lo que su experiencia personal y su previsión patriótica le habían enseñado. Había vivido años enteros en medio de los enemigos naturales del nombre cristiano y del poder español, había podido medir sus fuerzas y avalorar sus proyectos, había sido víctima y testigo de sus atrevidas excursiones, los había visto aprestarse al abrigo de sus puertos bien defendidos, y caer de improviso, como buitres veloces, sobre las costas inermes de Sicilia o Nápoles, de Valencia o Andalucía, sembrar el espanto en campos y ciudades, y volverse ricos de botín y de esclavos hechos en sus propias casas, en los dominios mismos del más poderoso rey de Europa. Sabía además de Trípoli y Túnez, y Argel y Orán, no eran sino los puestos avanzados del Islamismo, la vanguardia de un ejército informe e inmenso que bullía en las fronteras del mundo cristiano, impaciente por salvarlas y lanzarse impetuoso a su conquista. Recordaba el pasado glorioso de su patria, su papel preponderante en la lucha tenaz de las dos civilizaciones, de las dos creencias, y le parecía que aun no había terminado España su gigantesca tarea, que debía aunar todas sus fuerzas para rematar al coloso mahometano, adquirir así de una vez para siempre la supremacía entre las naciones europeas, y realizar espléndidamente el sueño apocalíptico de Campanella. ¡Cuán lejos estaba de sospechar el espectáculo que iba a presentarse a sus ojos entristecidos, y de creer cuán diversos rumbos seguían entonces la intención y los designios de los conductores de la nación! Al frente de ella, un hombre duro, egoísta, receloso, tardo en discurrir y resolver, y poseído al mismo tiempo de la más desapoderada ambición; estadista que se había propuesto gobernar sus pueblos por medio de expedientes; político que intentaba dominar la Europa a fuerza de intrigas. En torno suyo y bajo su mano, instrumentos de fácil uso, no consejeros celosos del bien público, no ministros atentos a la grandeza del Estado. Debajo, pueblos mal avenidos, deslumbrados aún con algunas empresas hazañosas, pero que comenzaban a advertir que las compraban a costa de sus inmunidades y de su libertad. Los tesoros acumulados por la labor y los esfuerzos de los españoles se dilapidaban por servir a odios personales o dinásticos, y el Erario siempre exhausto era una amenaza perenne para la fortuna de los particulares. El valor y la constancia del soldado, adquiridos en guerras tenaces y cruentas contra los enemigos de la cristiandad, servían ahora para hostilizar y oprimir naciones cristianas; y con el pretexto insensato de poner un dique a la Reforma, ya que no de ahogarla, las grandes, las portentosas fuerzas del monarca español se malgastaban en tiranizar cruelísimamente a sus súbditos, y en fomentar la rebelión y la anarquía entre los extraños. Cervantes, todo entregado a su ideal caballeresco, no veía sino el Oriente; Felipe, atento a sus planes de dominación, tenía la vista fija en el norte.

El soldado escritor no tenía medios de hacerse oír por el soberano, aislado e inaccesible: ya una vez lo había intentado, y había sido en vano. Quiso entonces hablar tan alto que siquiera los ecos de su voz lograsen llegar hasta los muros de palacio, y se dirigió al público. El teatro se le presentaba naturalmente como el medio de más fácil y pronta publicidad, y consagró a la escena toda la abundancia y fervor de su vena movida por el patriotismo. ¡Con qué ardor tan generoso emprendió su singular cruzada! Una y otra vez pone a los ojos de sus compatriotas el peligro cercano, inminente; les describe la vida miserable de los baños y los tormentos del cautiverio; les pinta los riesgos, las seducciones de la vida en contacto íntimo con los enemigos de su fe y de sus costumbres; les habla del poder otomano, de sus empresas, de sus codiciosas esperanzas, de los aliados posibles hasta en el territorio español: siempre la misma nota plañidera o terrible, siempre la misma evocación de los sentimientos que parecían adormecidos en el pecho de los vencedores de Granada y Túnez. Apenas es necesario decir que su voz se perdió entre el tumulto de otras empresas: el patriota fué desatendido, y, si el artista obtuvo días de gloria, fué lo bastante efímera para no hacer más que amargar el resto de su existencia. Aparecía entonces en el Oriente de la escena española el sol que más esplendorosamente había de alumbrarla, y venía a disputar su imperio a Cervantes un poeta que parecía nacido, como escritor y como hombre, para ser su constante contradictor, así como era su antítesis perfecta. Me refiero a Lope de Vega.

Pocas veces se habrán medido tan de cerca dos hombres de facultades tan excepcionales. Ambos fueron esencialmente artistas, y miraron, estudiaron y se representaron el mundo con ojos de tales. No hubo aspecto pintoresco, ni forma típica, ni carácter relevante, ni pasión peculiar, ni pugna de afectos o creencias, en aquella multiforme sociedad en que vivieron, que no los impresionara y moviera, que no fecundara su inspiración para hacerla producir más tarde. Para ellos no tuvo secretos la naturaleza humana, que escudriñaron y pusieron de manifiesto en su pequeñez y en su excelsitud, en su deformidad y en su belleza. Poseyeron una ciencia que han perseguido anhelosamente los sabios, y que se descubre, se revela espontáneamente a los poetas: la de la vida del alma, cuya lenta evolución y súbitas metamorfosis supieron pintar luego con tanto primor, con tanta verdad. Conocieron el secreto de la esfinge eterna, el hombre, y tuvieron en sus manos el maravilloso poder de borrar la sonrisa sarcástica de sus labios y de sacar lágrimas de sus ojos. Pero ¡cuán diferente empleo hicieron de su genio! Aquellos hombres iguales por la inteligencia, diferían del todo por los sentimientos. Lope, espíritu de luz, corazón de cieno, no conoció las pasiones generosas que engrandecen y subliman nuestra especie, sino cuando las creaba artificialmente en el alma de sus personajes; tocó la miseria sin lastimarse, vió de cerca los vicios fastuosos y se puso a su servicio, aduló todas las pasiones de su época, contemporizó con todos los extravíos de sus coetáneos, y quiso y logró encubrir con el esplendor excesivo de una falsa gloria su vida infamada por todas las bajezas. ¡Cervantes vivió lleno de las aspiraciones más sublimes: amaba con fervor el bello ideal que había creado su fantasía, y prefirió todas las torturas del ánimo, el desconocimiento, el desvío, la soledad, el olvido, antes que mancharlo y prostituirlo, lloró sobre todos los vicios que estigmatizaba, no cejó ante ninguna preocupación, no respetó ningún fanatismo, y se vió, al fin, desconocido y casi extraño entre los hombres a fuerza de sentirse tan penetrado de humanidad! Por eso, aunque ambos pintaron magistralmente el mundo que los rodeaba, sus obras han tenido una suerte tan diversa. Lope, indiferente e irónico, trazaba sus cuadros atento al efecto inmediato, sometiéndose a la moda, al capricho del día; por eso conservan sólo un valor histórico. Cervantes, conmovido e indignado, dibujaba sus figuras para inspirar alguna chispa de vida, y para que con los trajes y los gestos y el lenguaje de su época sintieran y obraran como hombres, censurando y enseñando; por eso adquirieron un valor permanente.

    Cervantes y Lope se encontraron, se comprendieron y no se amaron. Sobrevino la lucha, pero las fuerzas eran desiguales. El campo del primer encuentro fué la escena; y Lope, aunque inferior, muy inferior en la invención, a pesar de su aparatosa abundancia, superaba a su émulo en el conocimiento práctico del teatro y sus recursos, en facilidad de composición y por su vena inagotable. No se proponía sino divertir y cautivar al público, no traía ninguna tesis que defender y daba a la escena una pieza nueva en veinticuatro horas. Cervantes fué vencido. Era todavía joven, lo bastante para no soportar con calma esta derrota, y tomó la resolución de abandonar las letras y condenarse al silencio. El águila renunciaba al imperio del aire. Pero también se había desceñido la espada, y era necesario vivir. Sin más protección que su mérito—¡tanta era la ingenuidad de su magnánimo corazón!,—ni otras recomendaciones que sus servicios, diose a pretender, y recabó, después de una comisión secundaria para la provisión de las flotas, el cargo de recaudador de alcabalas. Sus señalados servicios, sus ruidosos infortunios, sus virtudes y su talento, no le valieron reunidos lo que el capricho o la intriga pudieran valer al primer advenedizo afortunado. En vez del trato con los hombres doctos y la conversación con los ingenios distinguidos; en vez de las ocupaciones literarias y de la vida del espíritu; en vez del renombre y la influencia, o por lo menos el respeto, recabados con sus obras, iba a ser su empleo cotidiano el litigar con los rústicos y el defenderse de las asechanzas de los avisados, tasar pegujales y embargar cabañas, vivir entre alguaciles y estar expuesto a sus vejámenes, servir al fisco y correr el riesgo de perder en el servicio el reposo y la honra. Comienza entonces esa larga y oscura peregrinación de Cervantes a través de España, que había de ser la dolorosa escuela de que iba a salir tan enriquecida su experiencia, y donde iba a llegar a completa madurez su ingenio. ¡Lastimoso espectáculo, en verdad, el de Cervantes, desconocido y humillado, empeñado en lucha sorda y tenaz contra la miseria y las adversidades, perdido en medio de la multitud afanosa e indiferente, expuesto uno y otro día a desaparecer para siempre, arrastrado por la ola humana, hasta el fondo del abismo inmenso en que van sepultándose incesantemente los hombres y las generaciones estériles y ociosas, que no dejan en pos de sí huella alguna de su paso!

¡Mas era mucha su fortaleza! Siguió impertérrito, viéndolo todo, observándolo todo, y acumulando un tesoro de enseñanzas para su espíritu donde otros hubieran encontrado sólo motivos de postración y envilecimiento. Pudo entonces estudiar verdaderamente el estado social de su patria, y sintió que se vigorizaba su amor hacia ella, porque vió que aun tenía grandes y nobles servicios que prestarle. Con mano firme levantó el manto espléndido de que se revestía aquella brillante sociedad, y pudo contemplar las deformidades que ocultaba. Una voluntad despótica y tenaz había querido sustituirse a todas las voluntades, y convertir la nación en una máquina enorme e inerte sometida a un solo impulso. El resultado había sido que, con todas las apariencias de la salud y la robustez al exterior, el cuerpo social se depauperaba día tras día, los miembros estaban entorpecidos, y un ojo experto hubiera llegado a descubrir en más de un lugar señales de próxima ulceración. El monarca había abatido a la grandeza sin levantar por eso al pueblo, y los magnates iban a consumir en un fausto ocioso sus fortunas, sin provecho alguno para la defensa ni la gobernación del Estado; el alto clero veía crecer y agigantarse en la sombra un poder que aparentaba esgrimir como él las armas espirituales, pero que era sólo un instrumento más en las manos de Felipe para aterrar y anular toda otra potestad que no fuera la suya; la magistratura tenía perdido todo su prestigio por la venta escandalosa de los oficios, y era la fábula del pueblo por su corrupción y venalidad; el espíritu municipal, fundamento firmísimo sobre el que se había labrado la grandeza de la nación, había desaparecido, minado sordamente o ahogado con despótico imperio, dejando en su lugar la enemiga y las rivalidades de pueblo a pueblo, las rencillas y los odios de familia a familia. El estado llano, la gran masa del pueblo, por la diversidad y mezcla de razas, por las preocupaciones nobiliarias y religiosas, por la pobreza que se extendía sin reparos, y la ociosidad, que la acompañaba y la entretenía, estaba en incesante fermentación, inficionándose cada vez más con todos los vicios que arruinan los Estados. Hidalgos, cristianos viejos, judaizantes, moriscos y gitanos, ya separados, ya confundidos, iban dejando en el fondo de aquella sociedad un sedimento en estado de corrupción, las heces y desperdicios de todas las clases, de donde se levantaban miasmas deletéreas que todo lo emponzoñaban; y el poeta caballero veía con espanto cundir el contagio y ganar hasta las familias más recatadas y principales, y a multitud de jóvenes que debían servir a la patria con su brazo o con su ingenio, yendo a aumentar el ejército informe e innumerable de rufianes y matones, de jaiféros y tahures, que se había alzado con la posesión tranquila de las ciudades más populosas, a ciencia y paciencia de la justicia. Las costumbres, aunque excesivamente rígidas en el trato exterior, eran singularmente licenciosas vistas de cerca: la mujer, tiranizada sin miramientos, se desquitaba pagando en moneda de liviandad y deshonor; y en los hombres el arrojo personal y el desprecio del peligro eran prendas bastantes para dorar las pasiones más desapoderadas y aun los mayores desafueros; una mezcla extraña de cultura e ignorancia, de refinamiento y violencia, puede decirse que daba tono y color a aquella sociedad. La religión se había convertido en un ritualismo sin sentido que se contentaba con las prácticas externas para no indisponerse con el Santo Oficio, pero que no estorbaba la persistencia de las más grotescas supersticiones; y cuando algún espíritu exaltado o vehemente clamaba por una reforma, todo lo que podía producir era un conjunto de reglas absurdas, propias sólo, o para aniquilar el carácter, o para hacer más insumisa o intratable la soberbia humana, comprimida en lo más íntimo del ser moral por el temor a toda suerte de públicas humillaciones y bajezas. Todo parecía conspirarse para quebrantar y rebajar el espíritu de un pueblo tan prendado de la dignidad personal, tan celoso del honor de la nación. Y, sin embargo, como era peligroso decir la verdad; como toda censura podía convertirse en crimen de Estado; como los más interesados en conocer los hechos o estaban engañados o eran cómplices del engaño, y aun las armas españolas obtenían victorias aparatosas y aun llegaban las flotas de las Indias cargadas de riquezas, y nuevos descubrimientos y nuevas conquistas parecían dilatar los dominios del rey de España, el pueblo, incapaz de discernir los síntomas de decadencia y ruina entre las muestras de tanta grandeza y prosperidad, continuaba endiosado en la engañosa certidumbre de su incontrastable poderío. En sus concepciones, en sus proyectos, en sus deseos, todo era desproporcionado; sobre una base real se edificaban mil desvariadas quimeras; y de aquí la exageración permanente de todos los sentimientos, aceptada como indicio de grandeza de ánimo; la hinchazón como norma de la sublimidad de las ideas, y la violencia como signo seguro de fuerza.

Ante cuadro tan lastimoso, en vano quería Cervantes contener los impulsos de su corazón patriótico y mandar a su pluma que permaneciese queda. Era necesario que escribiese, pero ya no podía escribir del mismo modo. La indignación, que aguija y enardece los espíritus levantados, ante las miserias y ruindades de la vida humana, se había vaciado en el nuevo molde en que le estrechaban sus infortunios, y por una trasformación tan natural como insensible, al copiar los tipos que encontraba a su paso, al trazar el cuadro mucho más vasto que abarcaba ahora su fantasía fecundada por la observación, al declarar sus terribles censuras, al poner juntos la sátira y el ejemplo, se revelaba por primera vez en toda su fuerza el escritor humorista, que llora y ríe a un tiempo mismo, que se lamenta y ruge, porque toca y aquilata y mide, y en una sola y profunda mirada encierra la realidad mezquina y el ideal bellísimo que pudiera y debiera sustituirla, mientras que para tormento suyo comprende que tan noble aspiración está cautiva en los hierros de una incurable, de una invencible impotencia.

Cargado de años y desventuras, rico de los avisos y enseñanzas de una vida agitadísima, y más que nunca anheloso de revelar sus temores y dar al público sus consejos, vuelve Cervantes a la profesión que creyó abandonar de una vez, y lanza sucesivamente a las prensas las obras inmortales en que había encerrado todo su corazón y su profundo conocimiento del mundo. La primera parte de *El Quijote*, y luego las *Novelas Ejemplares*, el *Viaje del Parnaso* y las *Comedias* y *Entremeses*, aparecen proclamando que aun vivía el autor aplaudido de *La Galatea* y *la Numancia*, y produciendo los más diversos efectos en el público lector y entre los literatos censores. Cervantes no se contentaba, en esos libros, con ridiculizar y vejar cuanto le parecía digno de censura en las costumbres y en las letras: se presentaba desde luego como un hombre independiente que piensa y escribe sin licencias de academias parciales, ni privilegios de amigos paniaguados; no se autorizaba con nombres famosos, ni trocaba lisonjas falsas por aplausos interesados; a todos decía llanamente lo que le dictaba su pecho, y pretendía que el público lo estimase por su justo precio, sin necesidad de que lo tasasen los críticos al uso. No era menester tanto para ser recibido como enemigo en la nada pacífica república de las letras: conmoviéronse todos los bandos, aunáronse todas las parcialidades, llovieron sobre el temerario autor las burlas, los epigramas, las invectivas, y hasta el rey tonante de aquel olimpo, Lope, se dignó lanzar sus rayos para derribarlo. Los familiares y partidarios de éste se distinguieron sobre todo por su feroz encarnizamiento, y entre ellos se fraguó y de ellos partió el último y quizás más doloroso golpe que había de herir el alma tan lastimada de Cervantes. A pesar de la hostilidad de la gente docta, *El Quijote* había ganado desde los primeros días rapidísima popularidad, se repetían sus ediciones y se esperaba con ahinco la continuación ofrecida. Sabíase de positivo que Cervantes la estaba escribiendo, quizás ultimando; cuando aparece de súbito una segunda parte de *El Quijote*, escrita por distinto autor, el cual ocultaba su nombre con un seudónimo. A primera vista no parecía tratarse sino de usurpar al autor legítimo las ganancias posibles, como si se encubriera un producto falsificado bajo una etiqueta acreditada; pero en realidad era mucho más infame el propósito. Se tomaban los dos maravillosos tipos creados por Cervantes, la traza general de la obra en que tan naturalmente los había hecho mover, su misma grandiosa concepción, en fin, no ya para deslucirla y deslustrarla, no sólo para bastardear el pensamiento generoso que le había dictado su libro y presentar su espíritu como en grotesca caricatura, sino que se explotaba su misma invención para escribir en contra suya la más sangrienta sátira, colmarlo, sin embozo, de dicterios, y denunciarlo a la saña de cuantos pudieran sentirse fustigados por sus indignadas censuras, haciendo así--¡refinada perversidad!--que sirviera su propia gloria de instrumento para su ignominia. *El Quijote* del falso Avellaneda no es sólo un mal libro: fué, en toda la extensión del término, una villanía.

Profunda fué la herida y terrible el agravio; pero ya los años y las desdichas habían amortiguado en Cervantes la impetuosidad colérica de los primeros tiempos, y la contemplación constante de la miseria social y de la pequeñez humana le habían inspirado una filosofía más resignada, que se aliaba a maravilla con ese fondo de jovialidad irónica peculiar a su carácter. Paró y devolvió de golpe, mas ¡de qué suerte! Publicó su segunda parte, y, como Júpiter al incorporarse para confundir la presunción de Apolo, bastóle un paso para dejar detrás, a inconmensurable, a infinita distancia, a su menguado competidor. Recogió sus insultos, y los borró con su menosprecio; midió a los pigmeos que osaban herirle, y los perdonó altiva y desdeñosamente. Disparó contra ellos, como jugando, unas pocas frases jocoserías, y los entregó a la risa del público y al escarnio de la posteridad. En su pecho no había lugar para el aguijón de los odios tenaces; así es como la disposición de su espíritu, en esta última parte de su vida, descubre una vez más su temple superior. Su melancolía profunda, como reconoce causas de imponderable grandeza, no se desdeña de considerar los aspectos festivos o risibles de las mil fruslerías con que se engríen los hombres; y por eso sazona aún con sales discretísimas sus lecciones más severas. Pero ni aun entonces le abandona la fe en sus ideales--producto quizás de su acendrada religiosidad--y, en vez de gemir desesperadamente, se resigna, y escribe sus últimas páginas con un espíritu de asombrosa, inalterable serenidad.

¡Y cuán digno de admiración debe parecernos cuando consideramos que nada había quedado en pie del alcázar glorioso que levantaron sus ilusiones juveniles! Bajaba la cuesta de la vida abrumado con el peso de inmerecidos desengaños, contando sus épocas por sus desventuras; y a donde quiera que volvía la vista no encontraba sino motivos de dolor o de vergüenza. Si el soldado y el poeta veían frustradas sus esperanzas, ¿qué había sido de las del patriota, del reformador? Su nación, su patria, tan próspera, tan grande, ¿a dónde había llegado? ¿A dónde la habían conducido? La tiranía y el fanatismo comenzaban a recoger los frutos de su labor insensata y tenaz. La expulsión de los moriscos había convertido en páramos inhabitados las regiones más feraces de Andalucía y Valencia; los desafueros y usurpaciones de la Inquisición, puesta al servicio de una política exterior constantemente agresiva, habían alejado de los puertos españoles las naves extranjeras, y ya las flotas inglesas habían aprendido el camino de las Indias; la intolerancia de los gobernantes y los vicios del pueblo despoblaban los centros fabriles, provocando una emigración desproporcionada que dejaba la industria agonizante. En lo político, el despotismo receloso y mezquino de Felipe II, lejos de ser un principio de cohesión entre sus diversos pueblos, había sido un fermento de disolución. Holanda, irremisiblemente perdida, ejemplo y tentación para el resto de los Países Bajos; irritadas y descontentas las provincias italianas; enajenada la voluntad de los portugueses, síntoma seguro de la próxima separación; agresiva y revuelta Cataluña, amenazadora Vizcaya, inquieta Andalucía... Todo eran amenazas, todo denunciaba el peligro de un tremendo y espantable desquiciamiento. Y en medio de todo esto, el tercer Felipe, que no había heredado siquiera la perseverancia voluntariosa e inflexible de su padre, heredaba sus sueños de dominación universal, legado funesto que se trasmitieron los representantes de esa infausta dinastía para perdición de España, que vió destruída su grandeza por los mismos que debían acrecentarla, sin que ni siquiera la gloria personal de los monarcas envoliera en un resplandor engañoso el abismo a que conducían sus pueblos.

Aunque en otra forma, todos los temores del político patriota habían cobrado cuerpo, se habían realizado. Cervantes lo vió y vió su insignificancia y su impotencia, y habría podido creer que había malgastado su vida, si no hubiera tenido tan clara conciencia de que, en un campo de los muchos que había recorrido había dejado una obra, levantado un monumento, y que el artista y su creación sobrevivirían a todas las catástrofes del tiempo. Contempló entonces por última vez la vida, ya sin secretos para sus ojos escudriñadores, y volvió el rostro para mirar sin espanto que se le acercaban, que lo envolvían ya las sombras del eterno silencio y de la soledad eterna.

Silencio y soledad reinaron en torno de su tumba, que no señaló siquiera la curiosidad de los coetáneos; pero, como lo había previsto y profetizado, no alcanzaron, no podían alcanzar a su obra ni a su nombre. En medio de tan grandes trastornos públicos, en esa sociedad en completa ebullición, al soplo poderoso de las nuevas ideas que iban a conmover el mundo, creció y se vigorizó un genio capaz de contemplar sin vértigos el torbellino estruendoso de las cosas humanas, y de descubrir, a través de la hirviente y multicolora superficie, el fondo innoble y permanente por donde se despeñan y precipitan; y que supo revelar a los hombres, con signos inmortales, la visión luminosa de su espíritu. Por rápidos que hayan sido los rasgos con que os he recordado la vida de Cervantes, bien creo que os hayan permitido seguir el desarrollo de su inteligencia, las distintas fases de su carácter, según nos las revelan sus producciones sucesivas, hasta ver culminar su genio en el libro donde reconcentró, como en un foco de luz inextinguible, cuanto había visto y sentido, el mundo que habían mirado sus ojos y el que había conformado en su mente: *El Quijote*. Si ahora nos detenemos un punto ante esta concepción gigantesca, quizás nos encontraremos con los datos necesarios para apreciar su extraordinaria complejidad y aquilatar su extraordinario valor.

Los elementos personales que, a sabiendas o no del artista, entran siempre en la composición de toda obra, se nos patentizan sin dificultad. ¡Acordaos de los generosos ardores que movieron el alma juvenil y apasionada del poeta que militaba en Lepanto y conspiraba en Argel, del reformador entusiasta que ponía cátedra en la escena, y quería llevar por otros rumbos los destinos de un pueblo; acordaos del amargo fruto de tan nobles y continuados esfuerzos; acordaos de su continuo anhelar por la belleza y la gloria, y de su continuo caer, postrado por la realidad deforme y mezquina, y veréis cómo anima la típica figura del desvariado y generoso hidalgo de la Mancha una centella del espíritu del andante caballero de Alcalá! Los elementos impersonales, los que había de tomar el autor al medio social que habitaba, no necesitan desentrañarse: están de manifiesto en cada página. En *El Quijote* se desenvuelve el cuadro fidelísimo de la España contemporánea de Cervantes, presentada con tal colorido y relieve, que sería imposible pedir más al arte de la perspectiva. Pero no es sólo un efecto pictórico el que quiso producir, el que produjo el admirable pintor: oímos discurrir, y nos parece que oímos pensar, y vemos apasionarse a los hombres de aquella edad remota; y merced al arte maravilloso, al poder de reproducción del incomparable artista, asistimos a su vida y participamos de ella. Grande sería ya con esto el elogio del libro; pero no he señalado en realidad sino una mínima parte de su mérito. Mucho es producir una obra que revele y comunique el pensamiento y la emoción propios; muchos más trasladar con signos la vida de un pueblo entero; pero el *summum* del arte estriba en plantear de alguna suerte el problema humano, e interesar en su resolución a los hombres de todos los tiempos y de todos los países; salir de las estrechas filas de un arte o de una literatura nacionales e ir a ocupar un puesto prominente en el panteón de los genios que pertenecen al arte o a la literatura universales. A tanto ha llegado Cervantes, y fácil es demostrarlo. Conoce maravillosamente su pueblo, y lo pinta; es un hombre de su época, y la estudia; escribe con todo el desembarazo del genio su lengua nativa, prodiga a manos llenas los modismos, no se pára en las incorrecciones, y sin embargo hoy como entonces, en inglés, en ruso, como en castellano, su obra inmortal es deleite y enseñanza y pasmo de los hombres todos, por el mero hecho de ser hombre. Y es que debió a la iluminación permanente del genio un conocimiento tan cabal del alma humana, que pudo desmontarla y poner de manifiesto sus más ocultos resortes, con la misma seguridad del artífice que desarma un mecanismo de su propia invención. No busquemos más lejos que en nosotros mismos los originales eternos de sus dos maravillosas figuras; aquí están, en el fondo de toda conciencia, pugnando siempre y siempre unidos, contradiciéndose incesantemente e incesantemente de acuerdo, viendo a la par el doble aspecto de las cosas y engañándose a la par seducidos por el deseo. Los admirables diálogos del caballero y el escudero han resonado con voz más o menos queda en todo corazón, pues siempre ha habido una quimera hermosa que alguna vez y en alguna forma seduzca al de temperamento más frío y positivista; y alguna vez y de algún modo la experiencia descarnada ha posado su mano glacial sobre las sienes del más ardoroso perseguidor de la belleza ideada.   Las aventuras de Don Quijote y Sancho son un símbolo transparente de la vida humana, solicitada con igual imperio por las pasiones generosas, que tienden al bien de la Humanidad --la abnegación, el sacrificio, el heroísmo.-- y por las pasiones egoístas, que aseguran la conservación del individuo--el recelo cuidadoso, el interés por el logro, la prudencia que no teme ser medrosa,--sin que ni de una ni de otra suerte deje de ser víctima de ese poder impersonal y tremendo que juega con el destino de los hombres y de sus obras más grandiosas.   Porque advertid que en ninguna ocasión salva a Sancho su egoísmo de los fracasos a que arrastra a Don Quijote su valeroso desprendimiento.   Uno y otro se engañan desde su punto de vista exclusivo, y bien a su costa triunfa de ellos la terrible ironía de la realidad. Y no se acuse a Cervantes de pesimista: devolvía al mundo las lecciones que del mundo había recibido, y puso más adentro de su obra la enseñanza superior que le dictaba su espíritu. Si queréis encontrarla, buscadla en esa escena admirable, con que termina verdaderamente la obra cuando, derribado en tierra Don Quijote por el caballero de la Blanca Luna, que le pone su lanza a los pechos y le ofrece perdonarle la vida si confiesa el error en que ha vivido, si reniega del ideal de su existencia, y declara que Dulcinea no es la más hermosa dama del orbe, el indomable caballero le responde: «Dulcinea del Toboso es la más hermosa mujer del mundo y yo el más desdichado caballero de la tierra, y no es bien que mi flaqueza defraude esta verdad.   Aprieta, caballero, la lanza, y quítame la vida, pues me has quitado la honra».   ¿Qué es la fuerza brutal para dominar el espíritu? ¿Qué importa caer vencido si se pugna por la verdad, adorada en el santuario de la conciencia?   No hay golpe, ni revés, ni dolor, ni amenaza, ni certidumbre de muerte, que pueda imponer una convicción al pensamiento, que se levanta libre y resplandeciente del campo de la derrota, y afirma y proclama su derecho a tener por bueno y hermoso y santo lo que como tal contempla y reverencia.

Así es como se templa el ánimo y se le prepara para las grandes luchas de la vida.   Esta ha sido la penosa labor de cuantos han tocado de cerca y han escudriñado las miserias humanas para buscar en nuestras mismas fuerzas, abatidas por la corrupción, por los deleites o las injusticias sociales, los elementos de renovación y salud. Vosotros, censores generosos e indignados de los extravíos del hombre, Aristófanes, Juvenal, Dante, Rabelais, Quevedo, Swift, y tú, Cervantes; vosotros no habéis removido las heces sociales, ni habéis puesto al desnudo nuestras úlceras cancerosas, para recrearos salvajemente en tan terrible espectáculo, sino para lavarlas con lágrimas ardientes y aplicarles con mano firme el cauterio que podía cicatrizarlas; habéis fustigado a los pueblos indolentes o dormidos para advertirles el peligro inminente; habéis llamado al único puesto digno del hombre, a lo más recio de la pelea, porque, si no a todos es dado conseguir la victoria, deber de todos es disputarla y mostrarse dignos de merecerla. Vuestra voz no se ha perdido sin eco: resuena de siglo en siglo en el corazón de todos los hombres que aspiran a mejorar de condición, la repiten las generaciones que se trasmiten la antorcha del entusiasmo para ir a la conquista en un estado más perfecto; y de este modo vuestras obras brillan entre las tinieblas del horizonte como faros que nos guían, que nos llaman con suave y perenne claridad, hacia la tierra de promisión, donde el hombre ha de habitar en paz un día, respetando el derecho y ejercitando la justicia. Mientras tanto, ¡oh, precursores! vuestros nombres resuenan con eternas alabanzas en sus labios, y a vuestra memoria se elevan altares en su corazón y su conciencia.

---

* Esta conferencia, que fue pronunciada por Varona en el Nuevo Liceo de la Habana la noche del 23 de abril de 1883, apareció publicada bajo el mismo título, en el propio año, en dicha ciudad, por el editor Manuel Soler. También se incluyó en el libro de Varona *Seis conferencias*, Barcelona, Gorjas y Cía., 1887, en la *Revista de Cuba,* Tomo XIII, año 1883 y en el Tomo II, titulado «Estudios y conferencias» de la edición oficial de las *Obras de Enrique José Varona* que el gobierno de la república de Cuba publicó en 1936. *El Fígaro* de la Habana reprodujo un fragmento de dicha conferencia en 1908 (año XXIV, número 44, pág. 559) y fue reproducida en su totalidad, además, en el número de homenaje a Cervantes de la *Revista Cubana,* año XXII, enero-diciembre de 1947, pág. 7 y siguientes.

LOS ESTUDIOS MAS BREVES

EPISTOLA CERVANTICA.*

Puerto Príncipe (Isla de Cuba), 7 de Octubre, 1872.

Sr. D. M. P. de F.**

Muy distinguido señor mío:

No leído, sino devorado ha sido por mí el precioso opúsculo de V., llegado al fin a mis manos el día 3. Era lo que yo esperaba, pero superando todas mis presunciones. ¡Qué idea tan oportuna y tan grande! Los resultados se ven tangibles en la reproducción foto-tipográfica de *El Quijote* en la CRONICA DE LOS CERVANTISTAS, en la nueva obra del docto Sr. Tubino, y sobre todo en la celebración entusiasta del aniversario del grande hombre en toda la Península y aun fuera de ella. Sí; Cervantes ha de ser el lazo de unión entre los que en todas las partes del globo rendimos un tributo de admiración más o menos valioso a la virtud y al talento, verdaderos timbres de la raza humana.

Desde este apartado rinconcillo poco puede hacer la más perseverante voluntad; pero no quiero dejar de presentar mi ofrenda, aunque no sea oro, incienso ni mirra.

Con no poca desconfianza voy a dar á V. algunas noticias relativas a literatos extranjeros, que han enaltecido la memoria del Príncipe de nuestros ingenios. V. sabe mejor que yo cuán aficionados son los franceses á Cervantes. En París, lo mismo que en los departamentos, ha sido su grande obra el sujeto de las conferencias de muchos sabios. Notabilísima fué la del célebre biógrafo de nuestro autor, Mr. Chasles, celebrada en la Soborna el mes de Abril de 1865. Su admirable discurso comienza con estas palabras: -Nous avons tous lu DON QUICHOTTE.- ¡Qué elogio en tal lugar, ante aquel auditorio, y salido de tales labios! Siempre me trae á la memoria la expresiva frase de Rousseau: -Es preciso escribir como Cervantes para hacer que se lean seis tomos de visiones.- (Y aquí es de notar que las ediciones francesas de *El Quijote* más comunes en el siglo pasado salieron á luz efectivamente en seis volúmenes. Díganlo las de París de 1741 y 1752, las de Francfort de 1750 y la de Amsterdam de 1768.) · ¡Y tanto como los han leído sus compatriotas! Por eso ha podido decir el docto Mennechet: -C'est un roman, oeuevre secondaire, *en apparence* parmi les créations de l'esprit humain, qui a placé Cervantès au niveau des plus beaux génies dont s'honore l'humanité,- Cours de littérature moderne: Leçon XIX.)

Volviendo a las conferencias, y saliendo de París, no debo olvidar que durante el mismo año, en Angulema, Mr. H. Reynald desenvolvió brillantemente el tema que en una se propuso: No otro por cierto que el desentrañar el mérito sublime de nuestra epopeya. Allí negó la semejanza entre la obra de Cervantes y la de Butler, tan preconizada por Chambers y otros cíticos ingleses, y trató de parangonarla con las de Ariosto y Rabelais.

Y ya que de imitaciones é ingleses hablo, pasemos el estrecho, y, retrocediendo un siglo, algo podré comunicar a V.

Pocos hechos á mi vez realzan tanto el mérito insigne de nuestro compatriota como el referido por Warburton y confesado por Johnson, de que Pope, Arbuthnot y Swift se reunieron para escribir las célebres memorias del solemne pedante *Masterius Scriblerus,* proponiéndose desde luego imitar al novelador español, de quien dice con este motivo el primero de los críticos citados, que es -the original author of this species of satire.- Warton va más lejos, y tratando de la obra inglesa, hace de la española este completo y merecido elogio: «Don Quixote is in truth the most original and unrivalled work of modern time.»

Lo que Pope estimaba á Cervantes puede verse en los primeros versos de su poema *The Dunciad*, donde le menciona dirigiéndose á Swift, y con motivo de los famosos viajes de Gulliver, que algún crítico también tiene por imitación de nuestra obra. Con referencia á este pasaje escribía luego Pope a su amigo: -Your name is in it, with some others (los de Cervantes y Rabelais), under a mark of such ignominy as you will not much grieve to wear in that company.-

Fielding estimaba su Joseph Andrews imitación a Cervantes. A propósito de lo cual recuerdo que en el curso de literatura extranjera de M. Karl Hillebrand, en Donai el año de 1866, el docto profesor establece un largo paralelo entre el *Tom Jones* de

Fielding, el *Wilhelm Meister* de Goethe, y *El Quijote*. Si le juzga atinadamente, véalo V. por este pasaje: -Cervantès se propasait d'écrire une satire contre les mauvais romans de chevalerie, et il deroula, en couleurs inimitables de vie, le tableau de tout son temps, de tout son peuple, de toute une civilisation, en même temps qu'il nous donna la tragedie même de l'idée.-

No puedo dejar esta materia sin apuntar aquí que Ricardo Ford en su agradable obra *A hand-book for travellers in Spain* (Londres: 1845), consagra largos párrafos al exámen y elogio de Cervantes á quien llama el Shakespeare español. Entre otras cosas dice con mucha gracia: -It is, however, a *pecado mortal*, a heresy to read don Quixote except in his own Spanish- Y valga por lo que valiere.

Para que tambien haya en esta carta, si lo es, algo nuestro, voy a referirme a una obra reciente, que leo casi sorprendido de puro satisfecho: *La Filosofía de la Lengua Española* de D. Roque Barcia (Madrid: 1870: 2ª. edición). En lo que llevo recorrido hallo que se vale el autor de la autoridad de Cervantes en los artículos *Aliento, Arrodillarse, Arrogancia, Componer y Desatino*. En éste añade Barcia: -la suma discrecion con que nuestro Cervantes emplea las dos palabras de este artículo (desatino y disparate), dice más que pudiera decir la disertación más erudita.- En la pág. 77 había dicho: -El arte crea.... El que escribe *El Quijote* tiene *arte*.- Y en la 115:- Cervántes tuvo el gran talento de dar *colorido* á las ideas; es decir, ese *color* poético que tienen las ideas expresadas por Cervántes, un color que Cervántes creó en su fantasía.-

Y aunque estoy seguro de que no dejará de constar en sus apuntes, aviso a V. que en la capitana Cook del insigne Castro y Serrano hace papel no insignificante «el caballero de Alcázar de San Juan, legítimo y directo descendiente de aquel tal de Saavedra,» nombre de Doña María *había leído en alguna parte*.

Como no escribo de pensado, sino acopiando todo lo que me ofrece la memoria, no sé si vendrá a cuento, que yo saque ahora a colación á D. Gabriel Alvarez de Toledo Pellicos y Tobar, el que *ántes de nacer tenía ya mucho bueno*, según Torres Villarroel, que debía de saberlo. Por sí ó por nó allá vá.

En su extravagante *Burromaquia*, describiendo la descomunal batalla de Archibarro y Jumentarro, trae estos símiles:

No así de Hircania el céfiro manchado
Aumenta en rabias el matiz nativo
Cuando de sus cachorros despojado
Al cazador persigue fugitivo:
   No D. Sancho de Azpeitia el afamado
Cantabrizó coraje más activo,
Cuando dobló su sólido cogote
La tajante segur de Don Quijote
Como el turno cuadrúpedo.......
        etc., etc., etc.
Y de Asnalandrujo, en el rebuzno 2°, *dice que:*
   Con monjiles de Dueña Quintañona
Los carcomidos pardones viste.

   Si de esta manera puede V. sacar algo de sustancia, grande será mi satisfacción y mayor mi sorpresa. Pero sea de ello lo que fuere, conste que á todo exceden mis buenos deseos. Cervantista no seré por erudición en la crítica, pero sí como el que más, por mi amor a Cervántes y sus obras. Considere V. pues, mi asombro, y casi estoy por decir mi dolor, al leer de la pluma del Sr. D. P.... Ese... que no tiene á Cervántes por intachable como literato (ni nadie que yo sepa), y *mucho menos como hombre particular*(1). En hecho de verdad á esto sólo se me ocurre contestar que si á alguien estimo superior al autor de *El Ingenioso Hidalgo,* es sin disputa al Manco de Lepanto, al cautivo de Argel, al preso de Argamasilla, al pobre hermano de la Orden tercera. Si de Miguel de Cervántes conociésemos únicamente la vida, habríamos de venerarle por su grandeza de alma y relevantes virtudes, tanto como le admiramos por su númen portentoso y por los hijos hermosísimos de su feliz ingenio.

   Pero....¿á dónde voy por este camino? Perdóneme V., Señor mío, en gracia de mis conatos de indignación cervántina. Perdóneme V. todo: lo largo, lo desaliñado, lo poco jugoso de esta carta, en la cual es mi deseo que siquiera advierta cuánta es mi gratitud á V. por su generoso regalo, y al erudito editor de las *Droapianas* por su valiosa obra.

   Deseando para V. toda la buena suerte de que es merecedor,

se repite muy suyo y muy reconocido amigo y servidor.

Q. B. S. M.

ENRIQUE JOSE DE VARONA

* Publicada en La *Crónica de los cervantistas.* Cádiz. Año II. Núm. I, 28 de enero de 1873, pág. 9.

** Se trata de Mariano Pardo de Figueroa, destacado erudito español nacido en Cádiz y que es más conocido por el seudónimo con el que escribió muchas de sus obras, el *Doctor Thebussen.* Es también el autor de las *Epístolas Droapianas* de tema cervantino, conocidas así por el seudónimo con que firmaba, *Droap,* anagrama de su primer apellido. Pardo de Figueroa fue uno de los cultivadores más entusiastas de la crítica cervantina en el siglo XIX y dio amplia acogida en la *Crónica de los cervantistas* de Cádiz a las colaboraciones del joven Varona.

NOTA DE VARONA

1. Droapiana de 1869:   Apéndice X.

UNA ALEGORIA DE CERVANTES*

No es la crítica antojadiza de otros tiempos lo que hoy priva. Doctrinada por la filosofía ha dejado de voltear al viento de las preocupaciones del gusto. No se cuida de la postiza rigidez de los Luzanes y Montianos; se rie del mal humor de Moratín; y Boileau, contradiciendo el código horaciano, es á sus ojos mero objeto de curiosidad. Sabe ya que la belleza en muchas de sus condiciones subjetivas y objetivas obedece al influjo del tiempo, que en cada época imprime un nuevo cuño en las obras de arte. El genio más independiente reviste sus atrevidas concepciones del ropaje que en sus días le ha de atraer las miradas del vulgo docto ó indocto. Así habla á lo presente, aunque mira á lo porvenir. Hé aquí declarado el gongorismo de Calderón.

Cervántes obedeció á esta ley fatal del espíritu creador; y muy mezquina sería la crítica que osara por ello hacerle cargos. Por eso escribió la *Galatea* y el *Canto de Caliope*. En sus obras inmortales, compuestas para todos los siglos, todo lleva, sin embargo, en la forma el sello de su época. Así presentan naturalmente pasajes que han de ser explicados al gusto del lector de nuestros días por el gusto del lector contemporáneo del Adán de los poetas.

Uno y muy notable me ofrece para materia de discurso *El viaje del Parnaso*, obra de toda mi predilección, como hijo de los desengaños del corazón más generoso que han herido malandanzas é ininfortunio. Después de *El Quijote* es para mí esta elegía que quiere pasar por sátira, si no la mejor, la más digna del estudio de las obras de Cervántes(1). No se extrañe, pues, que yo haga sujeto de un artículo comentar una alegoría que represente en ella el principal papel.

Quien lea hoy sin preparación la prolija hipotiposis de la galera en que Mercurio aportó á las playas de España, irá considerando no sin extrañeza su popa hecha de sonetos; las arrumbadas de estancias; las obras muertas de versos sueltos ó sextinas; las ballesteras de glosas á la Bella Malmaridada(2); la crujía de una luenga y tristísima elegía; el árbol, embreado con una dura canción; las entenas de estrambotes; el racamento de redondillas; las jarcias de seguidillas disparatadas(3), y las banderolas de varias rimas algo licenciosas; que la chusma eran romances, los espalderes dos tercetos y los grumetes versos encadenados; y estará muy tentado de tenerla por impertinente, si nó por extravagante. Y sin embargo, á buen seguro que para los aficionados del siglo décimo sétimo fué descripción digna de ser releída y que confirmaría á Cervántes en la fama de ingenioso y raro inventor.

Y no voy a desentrañar aquí lo que significó la alegoría en la poética de aquellos tiempos. Asunto es para más docta pluma. Pero sí pondré al lado de la nuestra, otras que harán patente ser las semejantes muy gustosas, cuando eran tan frecuentes. Este será el trillado camino que seguiré para salir avante en mi empeño.

Comencemos por acreditar la ascendencia de la de Cervántes.

El perusino Caporali, que aparentemente dió la traza para este poema, en su *Viaje*, muestra el palacio de las Musas construido de proposiciones, silogismos, pensamientos, hexámetros, octavas, tercetos y canciones. Se ve que nuestro autor en la disposición de su galera no le perdió de vista.

Pero vengamos a casa.

Lope, que cuando se trata de Cervántes parece que no puede ser olvidado, en el romance que recitó á la conclusion de los certámenes de la justa poética de San Isidro (1620), dice de las Pimpleas que se presentarán:

«No desnudas....
Sino vestidas y honestas
De *cuatro modos de tropos*
Y *locuciones* diversas.
 De *metonimias* se toquen,
y adornen sus frentes bellas
Metáforas y *ironías*
En vez de cintas y perlas.
 De *sinécdoque* las galas
Adornen por deferencia
Con *la parte por el todo*
Las partes de su belleza.
 verdugados de figuras
Por más gravedad guarnezcan
De *anáforas* y de *plocas*
Concesiones y *licencias*».(4)

Hasta aquí vemos el mismo gusto alegórico en las descripciones: ahora notaremos identidad hasta en el objeto descrito. El insigne Bartolomé Cairasco de Figueroa en su *Templo de la Iglesia Militante* (1612-1614-1628), pinta cierta nave, que es hermana gemela de la que traemos al ojo. Definiendo la *Bonanza,* dice así:

«Entró, pues la Bonanza en una nave.
....
....
 Las gavias son los *altos pensamientos;*
Y la bandera al aire tremolando,
Es la *oración* que aire va volando;
 Es el timón la *fé,* que la encamina;
La *caridad* la aguja, que la eleva;
La vela la *esperanza* que la lleva;
 Los marineros son *buenos deseos;*
Las *obras virtuosas* los cañones,
Que vencen en el mar las tentaciones;
 Forman la *cruz* los árboles y entenas
Y viéndola de léjos los corsarios,
Huyen con gran temor los temerarios;
 Las áncoras y amarras son *virtudes;*
La proa va buscando el *bien supremo;*
La popa contemplando el *fin extremo.*»

Y en otro lugar:

 «La santa Iglesia es nave,
Y Dios es el piloto;
La Virgen es farol que el mar serena;
El céfiro suave
Y regalado noto,
Que es el *Divino Amor* las velas llena;
Es alta cruz la entena,
Y la áncora *esperanza;*
Y los doce argonautas,
Almas simples y cautas;
Van con favor del cielo y confianza.
Del Cordero Divino

A conquistar el áureo vellocino.»

Y aquí vuelvo otra vez con Lope de Vega, cifra y término de cuanto fué popular y gustoso en materias poéticas en aquella era. Ya sabemos que con ser de *Lope* tenía cualquier futilidad lo suficiente para que el lector la pusiese sobre su cabeza(5).

La nave de la *Bonanza* recuerda la de la *Penitencia,* cuya puntura hace Lopé á manera de acotación en el auto sacramental el *Viaje del Alma,* publicado en *El Peregrino en su patria* (1604). Héla aquí:

«Descubrióse en esta sazón la nave de la *Penitencia,* cuyo árbol y entena eran una cruz, que por jarcia, desde los clavos y rétulo tenia la esponja, la lanza, la escalera y los azotes, con muchas flámulas, estandartes y gallardetes bordados de cálices de oro, que hacían una hermosa vista. Por trinquete tenía la coluna y San Bernardo abrazado a ella: la popa era el sepulcro, al pie del cual estaba la Madalena: San Pedro iba en la bitácora mirando el aguja, y el Pontífice que entonces regía la Romana Iglesia estaba asido al timon. En lugar de fanal iba la Custodia con un cáliz de maravillosa labor y inestimable precio. Junto al bauprés estaba de rodillas San Francisco, y de la cruz que estaba en lugar de árbol bajaban cinco cuerdas de seda roja, que le daban en los pies, costado y manos; encima del extremo de la cual estaba la corona de espinas á manera de gavia.»

También me parece oportuno recordar la nave que
«Cargada, pues, de sacerdotes corre,»

descrita por el mismo ingenio en su singularísima *Canción Panegirica* al Infante Cardenal.

Va incluida en *La Vega del Parnaso* (1635) donde puede verse(6).

Y como ni mis apuntes ni mi memoria me dicen más, aquí he de dar fin, pues otra cosa sería impertinente á mi propósito, cumplido en cuanto puedo esperar de mis pocas fuerzas.

Harto se ha juzgado a Cervántes por las reglas convencionales de una crítica miope y vergonzante, (dígalo el comentario de Clemencin); permitase á mi buen deseo ayudar, si quiera sea un poco y desmañadamente, á los que han tomado sobre sí la noble tarea de presentar sus obras inmortales y sus grandiosas concepciones bañadas por la luz de la verdadera filosofía, y de colocar á su autor egregio en el sublime pedestal que en justo desagravio á su nombre le erige nuestro siglo en el corazón y la conciencia de cuantos aman el saber, el talento y la virtud santificados por la desgracia.

ENRIQUE JOSE DE VARONA

Puerto Príncipe, 23 de Diciembre de 1872.

* Publicada en la *Crónica de los cervantistas,* Cádiz, Año II, número 2, 23 de abril de 1873, pág. 64.

NOTAS DE VARONA

1. Como ejemplo curioso de lo que cambian con el tiempo las opiniones, quiero trasladar aquí el juicio que á los diecinueve de mi edad formaba yo de este poema interesante. Después de citar el célebre terceto.

> Nunca voló la humilde pluma mia
> Por la region satírica, bajeza
> Que á infames premios y desgracias guia;

continuaba: «Esto exclamaba con verdad al enumerar sus obras admirables el censor más severo de las costumbres de su siglo, el apologista más indulgente del ingenio de sus contemporáneos; el moralista que siempre riendo arrancó donde quiera al vicio su dorado antifaz; el crítico que alguna vez suspirando no tuvo para el talento sino aplausos y coronas. Porque Cervántes, grande en todo, en todo único, Cervántes que guardó para los extravios humanos sus dardos más certeros, sólo tuvo para los hombres amor en el corazón y alabanzas en los labios. Desde la inmensa altura de su ingenio, inaccesible á la rastrera envidia, derramaba á manos llenas, el dulce son de su cítara divina, rosas y laureles sobre la docta turba que le rodeaba. He aquí explicada para mí esa indulgencia excesiva de que hizo gala al perfumar con el incienso de sus loores á cuantos en su tiempo aspiraron con alguna vislumbre de justicia al nombre divino de poetas; indulgencia por muchos acremente censurada, y que es á mis ojos el testimonio más elocuente de la generosidad y grandeza de su alma, siempre alentada por nobles pasiones». Hoy no estimo menos *El Viaje del Parnaso* pero le miro á muy distinta luz.

2. En otro artículo pienso poner de relieve toda la oportunidad y gracia de esta alusión.

3. Cervántes, que no era de los que juegan ni dan de barato, jamás escribía a humo de pajas. Aquí alude clara y donosamente á la numerosa progenie de las chaconas, zarabandas, tengue tengue, dongolondron, la gatatumba, naqueracuza, el peranton, etc., aumentada por los Benaventes y demás ingenios populares.

4. Admitida la forma, cotéjese el pasaje de Cervántes con los que traslado aquí, y se echará de ver hasta en este punto la superioridad inmensa de nuestro gran autor. ¡Qué oportuno en la eleccion de partes! ¡Qué feliz en las alusiones! ¡Qué avisado siempre! Por lo que hace al buen frey Lope, ¿habrá quien no se ria representando á las Musas con verdugado?

5. «Ingenios de gloria llenos,
   Crea quien mis versos tope
   Que oigo que sois de Lope
   Para decir que sois buenos».

Escribía Don Jacinto de Herrera y Sotomayor en unas décimas ampulosísimas dirigidas al Fénix de los ingenios.

6. Apropósito de *La Vega del Parnaso,* de Lope y de Cervántes, como tengo cierto tema contra el primero en lo que se refiere al segundo, quiero apuntar en esta nota, que llama no poco mi atención, recordando la plática de Don Quijote sobre las armas y las letras, que en 1605 tocase Lope el mismo punto en una especie de discurso poético, escrito con motivo del nacimiento del príncipe Felipe. El estropeado de Lepanto proclama abiertamente la supremacía de la profesion guerrera; el poeta áulico, soldado á volapié, deja en fiel las balanzas. (Part 1ª de *La Vega del Parnaso,* tomo 9º de la edición de Sancha, página 108.)

En la misma obra de Lope salió entre otras su comedia *El desprecio agradecido,* y en la primera jornada un pasaje donde cierta doncella, encerrando á un galan y su adjunto lacayo, da al amo para que olvide horas y peligros la *Parte veintiseis de Lope,* y al criado, sin duda como libro baladí y de gente bahuna, á *Don Quijote* (sic) por si no se duerme. ¡Si seria maliciosa la Inesilla!

UNA ALUSION DE CERVANTES.*

Como en el hombre todo es intermitente, hasta el amor al prójimo, hoy quiero levantar caza entrándome en coto vedado. A lo más podrá acaecerme que resulte gazapo lo que se me antojó liebre; y para ese fracaso tengo muy aprendido lo de *si nó cazares no te enfades.*

Estemos á cuenta.

Que Cervántes no era hombre que marraba, nadie lo pone en cuestión. Sus alusiones para algo y para mucho valían; y acá para mí tengo que debían ser más trasparentes que caldo de sopista, y más oportunas que mendrugo en boca de pobre ayuno. El tiempo, que las ha puesto á tal distancia, nos ha hecho un flaco servicio, abriendo la puerta á las hipótesis, pues al entrar por ellas tan fácil es despuntar de ingenioso como de visionario. Resulte de ello lo que resultare, como yo tengo mi alma en el cuerpo y mi libre albedrío como el más pintado, también traigo mi hacecito de leña; y veremos si da á luz o humo.

Todo *El Viaje del Parnaso*, es un tejido de dulcísimas burlas y amarguísimas véras; y si esto es lo que se vé, ¿qué será lo que no se vé? Yo me como las manos tras el sentido de algunas maliciosas alusiones que en él brujuleo; y tal vez me pondré en lo cierto, y tal vez me iré por los cerros de Ubeda. Allá va una muestra, por si place la tela.

En el capítulo segundo, Cervántes, que hace de trujaman, disuadiendo á Mercurio de embarcar á cierto poetilla, que venía alistado para la expedicion, añade este enigmático terceto:

«Es un cierto rapaz, que á Ganimedes
Quiere imitar, vistiéndose a lo godo,
Y así aconsejo que sin él te quedes».

Pues ahora añado yo de golpe y porrazo: ¿Aludiría aquí nuestro autor á don Manuel Estéban de Villegas, entónces mancebo y desvanecido con los hervores de su juventud? Que Villegas abrigaba motivos grandes de enquina contra el autor de *El Ingenioso Hidalgo*, bien lo prueban aquellos descomedidos versos:

«Irás del Helicon á la conquista
Mejor que el mal poeta de Cervántes,
Donde no le valdrá ser Quijotista.»

(*Eróticas*: Parte 2ª, lib. 1º. eleg. 7ª.)

La comun explicación de que quiso volver por su maestro el rector de Villa-hermosa, á quien se dirige, no me satisface. Con repasar someramente el *Viaje* basta para echar de ver que ninguno de los Argensolas pudo quejarse de la manera con que Cervántes los trató en esta obra, más razonablemente que otros muchos con quienes se hombreaban. Tal vez ménos. Si hay algo sério, y lo creo, en el poema, en esta parte entran los famosos aragoneses. ¡Con qué mesura y dignidad, su desvalido amigo y compañero les echa en cara el injusto olvido de sus promesas! ¡Y con qué sincero entusiasmo pone luego en altísimo predicamento sus poesías! Rubor y pena grande, que no enojo, debió despertar en ellos la lectura del *Viaje* y sus sentidos conceptos.

Luego en Villegas era más personal la causa. Cervántes no le menciona en todo el libro. Cuando le publicó tenía Villegas de diez y ocho á diez y nueve años de edad; pero se sabe que componía versos desde los catorce:

«Mis dulces Cantilenas,
Mis suaves Delicias,
A los veinte limadas,
Y á los *catorce* escrita.»

Consta que el precoz (y no sería errata poner procaz) poeta se había criado en Madrid, y que permaneció allí áun después de entrado en la pubertad (Rios, *Memorias*, número 4º). En esa época ya debía estarse ejercitando en las tradiciones de Horacio y Anacreonte, que sacó á luz en 1618 entre sus Eróticas. A esto puede aludir lo de:

«..................A Ganimedes
Quiere imitar, vistiéndose á lo godo.»

Quien conozca los originales, comprenderá fácilmente que no faltaban á Cervántes razones para excluir de la galera de Mercurio al rapaz traductor, ni al dios para contestar: *Gusto de oillo.* Nada más infeliz que la version del libro primero y otras odas de Horacio. Haciendo justicia á las de Anacreonte, creo que como imitaciones, algunas son bellísimas; como traslaciones estoy en que merecen la censura acre de Conde. Perdone don Vicente de los Rios.

Resumiendo: ¿Asestaba Cervántes al cisne (¿?) del Najerilla? Todo esto no pasa de mera conjetura. Yo aquí dejo el rastro; si gustan, otros seguirán la liebre.(1)

ENRIQUE JOSE DE VARONA

Puerto Príncipe, 4 de Febrero de 1873.

* Publicada en la *Crónica de los cervantistas,* Cádiz, Año II, núm. 2, 23 de abril de 1873, pág. 78.

NOTAS DE VARONA

1. Después de escrito este artículo, ha llegado á mis manos la magnífica edicion de las obras de Cervántes, por Rivadeneyra. Al hojear el tomo duodécimo, pronto advertí que el eruditísimo La Barrera, en sus anotaciones al *Viaje del Parnaso*, que desconocia, habia creido tambien descubrir una alusion á Villegas en el poema; precisamente en un terceto muy próximo al notado por mí. Respeto á lo sumo la opinion de un sujeto de tanta sagacidad y saber, pero no me disuade de la mia. Cervántes habla en el pasaje citado por el señor don Cayetano, de «un muchacho necio, que juega, y es de sátiras su invite»: no se sabe que Villegas tuviese compuestas sus invectivas á la edad que contaba cuando se escribió *El viaje*, y la en que insultaba néciamente á su autor fué sin duda consecuencia suya; de modo que flaquea el cimiento que trata de apoyar esta conjetura. En cambio consta que desde muy niño se ejercitaba en traducir é imitar á los poetas de Grecia y Roma: ¿No tira á este blanco lo de «rapaz, que a Ganimedes quiere imitar, vistiéndose á lo godo?».

De todos modos basta para mi satisfaccion el que haya coincidido mi humilde juicio con el de tan insigne crítico en lo esencial: en creer que uno de los excluidos del caso pensado por Cervántes, fué el soberbio autor de las *Eróticas.*

UN ANIVERSARIO DE LA MUERTE DE CERVANTES EN CUBA.*

Puerto Príncipe, 9 de Junio de 1874.

Señor D. Ramon Leon Mainez, mi amigo y dueño:

Despues de los dias de prueba no viene mal reanudar las antiguas tareas, satisfaciendo así necesidades del cuerpo y del espíritu. Un dolor grande y justísimo ha debido embargar por algun tiempo la actividad de su claro entendimiento; pero V. se debe todo á la noble empresa de que es insigne campeon. También éste su buen amigo se ha visto más que nunca rodeado de amarguras y asediado por tristes acaecimientos; pero tiene con V. un grato deber de cumplir, y cree que ya es hora de ir a buscar á la esfera purisima de las ideas la calma y los buenos pensamientos, que en vano se piden á este mundo positivo y miserable donde vivimos forzados.

¡Casi dos meses transcurridos desde el aniversario de Cervántes, y aún mi pluma permanecía ociosa, robando á V. y á nuestro Droap una hora de cumplida satisfacción y legítimo orgullo! Acúsome, señor mio, aunque aseguro á V. que merezco la remision de mis faltas. Hoy todavia no hay en mi espíritu la serenidad suficiente para tratar de esas materias; por lo que me confieso mas necesitado que nunca de su indulgencia.

El 23 de Abril de 1873 ha sido solemnizado dignamente en la isla de Cuba. Diversas poblaciones concurrieron á festejar el gran dia, pero con tal espontaneidad que todos creyeron ser las únicas, y demandaron para sí la gloria de la antelación. Sin embargo, por lo que á esto mira, parece que en la Habana celebraron privadamente algunos literatos el pasado aniversario. Me concretaré al presente.

Entre todas se ha señalado Matanzas por el carácter oficial y popular juntamente que tuvieron sus fiestas. La iniciativa perteneció á su primera autoridad, quien se ha honrado al honrar de este modo á Matanzas, y ha puesto de relieve su buen juicio é ilustración en pro del pueblo que representaba.

Prescindiendo de la forma, para atender solamente á la idea, no censuraré, como la han hecho eminentes cervantistas, la práctica, que va cundiendo, de conmemorar este día glorioso con misas de requiem. En esto podría hablar, más que la justicia, la repugnancia que me inspiran las ceremonias del culto católico. Pero sí elogiaré sin tasa la manera con que se puso por obra en Matanzas, dándole todo el aspecto de fiesta verdaderamente nacional. Así lo demuestra sobre todo la numerosa concurrencia que llenó en aquella noche el parque de *Cervántes,* convenientemente decorado para la parte popular de la solemnidad.

A más llegó la bella ciudad del Yumurí, queriendo hacer partícipe de su entusiasmo á cuantos aman la memoria del gran autor de *El Quijote.* Constituida allí una sociedad de cervantófilos, determinó publicar solemnemente un periódico anual con el título de *Crónica de los Cervantistas* (sin más aditamento).(1) A su primer número dedicaré despues mi atencion por las causas que expondré.

En Cienfuegos, al Casino Español de Artesanos se debe todo el lauro. Hizo celebrar honras, y en la noche del mismo día obsequió á sus socios con una funcion dramática y literaria, que inauguró un sencillo y oportuno discurso de su presidente el señor D. Ramon de la Gándara y Lomba.

De Puerto Príncipe ya tiene V. noticias. El programa que estampó el Casino se cumplió fielmente. La parte musical dirigida por un artista insigne (perdóneme la modestia del señor D. Enrique Olaguibel) fue inmejorable. El lindísimo paso de Narciso Serra hábilmente representado despertó en el ánimo del auditorio más profunda emocion que todos los encarecimientos leidos ántes y despues. ¡Admirable poder del arte dramático! Gracias al entusiasmo y constancia del señor D. Manuel Estéban de Latorre se obviaron dificultades, que pudieron haber estorbado su ejecucion en escena. Digno es de recordar que la bellísima niña á quien se confió el papel de Doña Magdalena, le hizo, ocultando la ardiente fiebre que la aquejaba. A la gratitud de los cervantistas encomiendo el nombre de Doña Mariana de Latorre. Leyéronse algunas poesías, y tambien una quisicosa escrita por mí, que llamé disertación por no tener otro nombre á la mano; aunque en realidad de verdad fué sólo el marco para engastar algunos conceptos de nuestro autor venerando. Si no otra cosa, tuvo mucha, muchísima buena voluntad.

Los de Colon tambien solemnizaron el aniversario. No se les

debe escatimar el aplauso merecido.

En la Habana sólo el diario *La Voz de Cuba* recordó el 23 de Abril, publicando un notable artículo de fondo suscrito con las iniciales E. D. Lástima grande que á tan bien pensado trabajo afeen descuidos de tanta monta como llamar novela picaresca al célebre opúsculo de nuestro Luciano, *La Hora de Todos,* así como á las *Capitulaciones* y á *El Entremetido y la Dueña y el Soplón.* Tambien habla de las mil y tantas ediciones de *El Quijote,* guarismo cuya exactitud sabe V. mejor que yo, que no ha llegado ni de lejos á verificarse. El mismo papel reimprimió algunos de los escritos publicados en la *Ilustracion de Madrid* del año pasado, y las décimas bellísimas de D. José de Velilla y Rodríguez.

El *Boletin Mercantil* de Cárdenas dió a luz un artículo del señor D. Antonio H. de la Puente.

Oportunamente envié a V. el número de *El Fanal* de esta ciudad dedicado a reseñar la fiesta de El Casino, y que contenia la disertación y composiciones leidas en ella.

Y con esto quedo expedito para tratar de la *Crónica de los Cervantistas* de Matanzas. Procuraré ser muy conciso, pues no escribo á deseo.

Si las lucubraciones que salieron á luz en ese periódico hubieran de tener la suerte comun de las impresas en Cuba, que no salvan los límites de su litoral, á buen seguro que yo, con manifiesta violencia de mi carácter, me detuviera a censurarlas. Pero avivado grandemente en las dos últimas décadas el entusiasmo hacia Cervántes, cuanto se escribe en loor suyo, ó para ilustrar su vida y escritos, se esparce por todo el mundo civilizado.

Importaba, pues, á la honra de Cuba, que su primera y solemne manifestación en este sentido correspondiese á la justa fama de cultura que tienen adquirida sus hijos. Donoso me es confesar á V. que la *Crónica de los Cervantistas* de Matanzas no es digna de su título, ni de representar á la Isla de Cuba en la espaciosa liza de la literatura cervántica.(2)

Excepto un estudio nada original sobre la *locura de Don Quijote* escrito en castizo lenguaje y con elegante estilo por D. Manuel Presas, no hay en todo el papel linea en castellano, ni que respete siquiera los fueros de la gramática.(3)

Comience V. por considerar que ya en una de las actas de la asociación cervantina prometen los redactores, que los trabajos que se den á la estampa en su periódico tendran de año en año mayor mérito «hasta hecerlos SIQUIERA dignos del ilustre genio á que se consagran».

En las esquelas de invitación á la solemnidad religiosa, autorizadas con la firma del brigadier Burriel, se llama á Cervántes *don Miguel*! ¿Qué dirá de esto el buen hidalgo que usó en toda coyuntura su honrado nombre *mondo y escueto sin añadiduras, ni cortapisas, ni arreqives de dones ni donas?*

Pero vamos á la parte literaria de la Crónica.

Por su objeto y extensión convida en primer lugar á la lectura un artículo biográfico de Cervántes, compuesto por D. Francisco M. de Acosta Henea.

Imposible me es dar á V. idea ni aproximada del enrevesado estilo con que está escrito. Las intrincadas razones del buen Felciano de Silva, apodadas por el Bachiller de Arcadia de *estilo de alforjas,* se me figura como que quiere parecérsele. ¡Válate Dios por el lenguaje! Habla el biógrafo, por ejemplo, de Doña Leonor de Cortinas, y dice que fué *señora poco comun y de más que refinados modales.* No debo privar a V. de *sabrosear* (con permiso de Gallardo) este trocito en que retrata al egregio autor:

«A igual de Camoens y del Tasso, á ser venia Cervántes: de una hermosa complexion, *poco comun;* y eran sus ojos de un color azul muy brillante, como sumamente negros sus cabellos. Su semblante hermoso en su juventud, lleno de animación, conservólo todo el resto de su vida. Amado y respetado lo fué él, *si se quiere,* en toda la fase de su existencia. *En posesión estábalo* aún él mismo de aquella disposicion más que magnánima que atribuir solia á su *Don Quijote*; pero miéntras que en el caballero andante degeneraba el sentimiento en cierta especie de locura, á convertirse venia en el corazón de Cervántes en cierta filosofia más que *humorística, genial y juiciosa* de la vida, que haciále reprimir hácia sus enemigos, como amable para con sus amigos». Pero ya oigo á V. que me pide casi con lágrimas en los ojos que no prosiga. Pues toda la obra es de la misma estofa.

Por lo ménos, discurrirá V., las noticias que contiene serán flamantes, y dirán algo de lo mucho que tantos años de pacientes y atinadas investigaciones han revelado á los amadores de Cervántes! Nada, amigo mio, Harzenbusch, Asensio, La Barrera, Pardo de Figueroa, Rosell, Mainez, Turbino, Benjumea, Cerdá, Fernández Guerra, Castro, Gamero, Fernández Daro, y tantos otros, no se han afanado papeleando y escribiendo para el señor Acosta y Henea. Ochenta años ha que hubiera podido zurcirse esta novísima noticia del ingenio, objeto de mayores disquisiciones en los últimos tiempos. Todavia repite su autor que Cervántes y Shakespeare murieron el mismo dia. Antes de que naciera quien esto escribe, ya el malogrado Aribau habia hecho notar que es aparente la coincidencia. Dice que son los mejores biógrafos de Cervántes Mayans, Ciscar (deben ser dos autores distintos del D. Gregorio que todos conocemos) y Pellicer; y se refiere como de oidas á un *bosquejo biográfico* por Navarrete. ¿Qué mucho que ignore la existencia del diligentisimo D. Gregorio Moran? La edicion más moderna que cita es de 1841. Vea V. cómo se han frustrado los nobles propósitos de Rivadeneira y Dorregaray. Sus ediciones monumentales no son dignas siquiera de mencion.

En trueque trae noticias que llenarán de asombro á los cervantistas presentes y futuros. Dice que el maestro Lopez de Hoyos fué muy dado al cultivo de la poesía; que publicó *diferentes y escogidas colecciones* de versos, entre los que sacó á luz *el lindo poema pastoral de Cervántes, la Filena* (sírvase V. dar traslado de esta recóndita noticia al señor Asensio); que esta obra afianzó la reputación de su novel autor, y le captó la voluntad del legado Aquaviva; que el lindo *romance* pastoral la *Galatea* superó *en todas sus partes* á la *Filena*; que Cervántes debió ser colector de rentas de un monasterio; que una *tosca lápida* señala el lugar donde yacen sus restos (¡aqui del Sr. D. Mariano Roca de Togores!); y no sé qué otros graciosísimos dislates.

Si en recurso de alzada espera V. que una juiciosa crítica venga á hacer disimulable tanta extravagancia, de nuevo le engañará su buen deseo. El Sr. Acosta mezcla y funde á Colon, Lutero, Felipe II é Isabel de Inglaterra con el Dante, Ariosto, Camoens, ciertos filósofos innominados y las cataratas del Niágara; pero en toda su obra no hay nada que transcienda á crítica, ni pizca de juicio, ni otra cosa que embrollo é ignorancia de lo que se trae entre manos. Pasemos adelante.

No hablaria de otro articulillo titulado *Un cuento*, á no ser por los peregrinos descubrimientos que nos echa en la plaza. Figúrese V. que menciona no menos de dos piezas dramáticas del autor de Numancia, hasta hoy desconocidas: *María de las Esquivias* y *La Toledana*. De agradecer sería que el Sr. D. Juan María Muller se apresurase á dar los pormenores de tal hallazgo.

Tambien asegura que el duque de Béjar, sabedor de que obra tan eximia como *El Ingenioso Hidalgo* se apolillaba por la falta de medios de su autor, la hizo dar á la estampa. Paréceme que una y otra son nuevas y muy nuevas. De Cervántes cuenta que fué empleado en la aduana de Sevilla y que sirvió despues otros *destinos importantes.* Como quien no dice nada, ó como quien no sabe lo que dice, afirma que en 1612 se publicaron *El Curioso Impertinente* y *El Capitan Cautivo,* novelas (sigue Muller), *que hoy se encuentran intercaladas en El Quijote* (¿Habrá leído Muller El Quijote?) Alude á la prision incierta del *Manco sano* en Argamasilla, y no dice palabra de su cautiverio ciertísimo en *Castro del Río* y Sevilla. Dice.....pero pasemos de largo lo que dice. Todo corre parejas con la siguiente estupenda noticia bibliográfica. El fallecimiento de un bibliómano, que poseia entre otras muchas ediciones de *El Quijote, cinco en latin!* Del *Illustrated London News* la han vertido los redactores; con que no hay que darle vueltas.

Ya me falta la paciencia, y súpongo la de usted agotada hace gran rato. ¿Qué piensa de todo esto el ilustre fundador de la verdadera *Crónica de los Cervantistas?* ¿Se honra así la memoria de Cervántes? ¿Las letras, la historia, la filosofía, la crítica reportan utilidad de la publicacion del periódico de Matanzas? ¿Ve V. en nada de esto la originalidad, el estilo apacible, el lenguaje correcto, la pureza de diccion, la sana crítica, que exige V., con el derecho que le dan su nombre y sus merecimientos, en los trabajos dedicados al Príncipe de los ingenios? Que en Matanzas se solemnice el 23 de Abril, merece los mayores encomios; pero que en Matanzas se publique otra CRONICA cervántica al tenor de la presente, es una calamidad que deben hacer por conjurar cuantos amen su buen nombre.

No más de esto. V. de seguro estará contentísimo sabiendo que en Ultramar celebramos la fecha gloriosa; y á mí me cabe la satisfaccion de asegurar á V. que su periódico ha sido el verdadero heraldo de la idea. Esperemos.

Perdone V. tan enojosa carta. íntegra ó en extracto puede V. si gusta, publicarla con el título de *El Aniversario de Cervantes en Cuba.* Ya ve V. que sólo tiro á concluir de cualquier manera. Estoy fatigado, y más lo estará V.

Viva V. muchos años, amigo mío, para gloria de la literatura

Gaditana.
   Suyo muy de veras,

ENRIQUE JOSE DE VARONA.

*   Publicado en la *Crónica de los Cervantistas*, Cádiz, año III, núm. 3, 31 de diciembre de 1874, pág. 117.   Se debe notar la contradicción existente entre la fecha del trabajo, 9 de junio de 1874, y la que se alude en el tercer párrafo, 23 de abril de 1873.   ¿Demoró Varona catorce meses en escribir el artículo?   La interpretación más lógica es que se trata de un mero error tipográfico: Varona estaba comentando la celebración del aniversario de Cervantes en 1874 y no en 1873.   Esto parece corroborarlo el comienzo del segundo párrafo: «Casi dos meses transcurridos desde el aniversario de Cervantes, y aún mi pluma permanecía ociosa...»

NOTAS DE LOS EDITORES DE LA CRONICA

1. Pudiera haberse llamado *Crónica de los Cervantistas* de Matanzas.   Ha salido una vez que sepamos.
2. Habla muy discretamente el Sr. Varona.
3. ¡Y esa publicación se titula *Crónica de los Cervantistas!*
       ¡Qué sarcasmo!!

CERVANTES Y LA BELLA MAL MARIDADA.*

Que las diversas manifestaciones de un mismo talento tienen un centro de que irradian y á que se refieren; que todo artista verdaderamente tal, se inspira en un principio fecundo, que ya desenvuelve plenamente, ya insinúa en ligeras pinceladas, verdad es proclamada por la crítica, desde que comenzó á estudiar con discernimiento las obras de arte. Pero de aquí á pensar que, esclavo de una sola idea, se limita el ingenio á presentarla con este ó el otro disfraz, encerrándose voluntariamente en un círculo estrechísimo, media un abismo. Y sin embargo, en esta aberracion han caido algunos censores, para quienes era más facil rastrear una intencion ántes descubierta, que seguir al númen en sus faces multiformes. Así, para muchos, Cervántes fué en todas ocasiones un andante caballero, siempre á lanzadas con las opiniones de sus contemporáneos; y, lo que es más, esgrimiendo siempre el montante de la ironía. ¿Cervántes dijiste? Pues, ¡guarda, que agua va! ¿Escribe comedias? Pues ha de ser para ridiculizar todas las otras.

La dialéctica especialísima de Nazarre no ha dejado de tener imitadores, aunque infinitamente más discretos y doctos. De todo se ve. Sirva de ejemplo, sin que sea amenguar en una tilde el respeto que merecen su muchísima erudicion y excelente doctrina,(1) el célebre Puibusque, cuando asienta que Cervántes, al describir en el Viaje del Parnaso la galera de Mercurio, hace jocoso inventario de *todos los abusos* que afeaban entonces la poesía.(2)

Aunque estirásemos el vocablo *abuso*, no creo que pueda henchir estas medidas. ¿Cómo llamar abuso, el empleo de los tercetos, redondillas, octavas, romances, elegías y canciones de que se había labrado el bajel? No lo sé. Y sin embargo, no es que resulte absolutamente falsa la asercion, sino que la hace tal el carácter de generalidad con que está escrita. Cervántes, segun su costumbre, utiliza tan buena ocasion para romper algunos bohordos, pero como de pasada, y sin dar valor al simulacro. Quien quiera que pierda el tiempo con mis borrones, si ha leido el articulillo titulado *Una alegoría de Cervántes* vería allí más extensamente el juicio que formo de esa descripcion. El autor, siguiendo la corriente del uso, fabrica su nave á gusto de los lectores; pero como quien no lo quiere, moteja chiticallando las rimas licenciosas, las seguidillas disparatadas, etcétera: muestra grande de su altísimo ingenio, que deja por donde quiera luminosas huellas. Y pues ya estamos con las manos en la masa, no saldremos de la galera sin una probanza completa.

Las glosas de las ballesteras fueron *todas* hechas á la boda de la que se llamó mal maridada. ¿Qué significa esto? Que aquí lozanea Cervántes, valiéndose de una alusión donosísima con sus puntitas de sátira. Desentrañemos el sentido de la frase y saltará á los ojos.

Para los lectores habituales de la CRONICA no será nuevo lo que voy á decir, pero no me parece fuera de camino: servirá para poner más de relieve, si cabe, lo flexible del talento de nuestro gran autor, que así se doblaba hasta lo infinitamente pequeño, como se alzaba a lo infinitamente grande.

Uno de los muchos personajes á quienes inmortalizó la Musa lozana del romancero, fué la *Bella mal maridada.* En versos antiguos y bellísimos cantó su infortunio, poniéndole en escena de la manera dramática que sabia hacerlo. Hay tanta verdad en el cuadro, está sombreado con tanto vigor, son tan patéticas las dos escenas que le componen, que bien pudiera sospecharse en él un retrato, antes que un asunto de fantasía. Dígalo él mismo:

-«La bella mal maridada,
De las lindas que yo vi,
Véote tan triste enojada:
La verdad dila tú á mí.
Si has de tomar amores
Por otro, no dejes á mí;
Que á tu marido, señora,
Con otras dueñas lo ví,
Besando y retozando:
Mucho mal dice de tí:
Juraba y perjuraba
Que te habia de ferir.-
Allí habló la señora,
Allí habló, y dijo así:
-Sácame, tú, el caballero;
Tú sacásesme de aquí:

Por las tierras donde fueres
Bien te sabria yo servir:
Yo te haria bien la cama
En que hayamos de dormir:
Yo te guisaré la cena,
Caballero muy gentil,
De gallinas y capones
Y otras cosas mas de mil;
Pues que a este mi marido
Ya no le puedo sufrir,
Que me da muy mala vida
Cual vos bien podeis oir.-
Ellos en aquesto estando
Su marido hélo aquí:
-¿Qué haceis, mala traidora?
¡Hoy habedes de morir!
-¿Y por qué, señor? ¿Por qué?
Que nunca os lo mereci
Nunca yo besé á hombre,
Mas hombre besó á mí:
Las penas él merecía,
Señor, daldas vos á mí:
Con riendas de tu caballo.
Señor, azotes á mí:
Con cordones de oro y sirgo
Viva ahorques á mí:
En la huerta de naranjos
Viva entierres á mí,
En sepoltura de oro
Y labrada de marfil;
Y pongas encima un mote,
Señor, que diga así:
«Aquí está la flor de flores:
«Por amores murió aquí:
«Cualquier que muere de amores
«Mándese enterrar aquí,
«Que así hice yo, mezquina,
«Que por amar me perdí.-»(3)

Su belleza artística, y tal vez el asunto, hicieron popularisimo el romance. Autores y lectores, obligados á más que mucha circunspeccion en materias políticas y dogmáticas, se desquitaban con tal licencia en lo moral, que no debian salir muy bien paradas las costumbres(4) No se cansaron por tanto de imitar y rehacer el romance, el cual, como se ve, no tiene nada de edificante. Dos pliegos sueltos del siglo 16º contienen ya sendas glosas, una de ellas por cierto Quesada. Desde entónces fué moda glosar *La bella*, y llovieron glosas. Del célebre repentista Juan Sanchez Burguillos, existe una que comienza:

> «Hase en mi favor mostrado
> «Tanto el amor y fortuna,
> «Que he triunfado y he gozado
> «*De toda suerte de estado*
> «Sin contradiccion alguna.»

(Códice M. 90 de la Biblioteca Nacional.)

Cristóbal de Castillejo, fiel á su bandera, no podia olvidar las glosas, y por de contado tampoco á *La mal maridada*. Sus *Obras de Amores* lo prueban. ¿Qué más? Todo un Don Diego Hurtado de Mendoza se acuerda de glosar *La bella*, dirigiéndose á *una mujer fea y discreta*. Gregorio Silvestre rindió más de una vez parias á la costumbre, pero una de ellas fué para burlarse de los glosadores, con toda esta donosura:

> «¡Qué desventura ha venido
> «Por la triste de la *bella*,
> «Que como en las del partido
> «Hacen ya todos en ella,
> «Teniendo propio marido!
> «No hacen sino arrojar
> «Una y otra badajada:
> «Como quien no dice nada,
> «Se ponen luego á glosar
> «*La bella mal maridada*».

Merece leerse.

De que llegó á ser frase proverbial, hay buenos ejemplos. En el auto anónimo del *Magna*, escrito en el mismo siglo decimosexto, dice el bobo:

> «¡Oh hambre, vieja, arrugada,
> «*De las más lindas que ví*;
> «Coja, manca, derrengada,
> «Si has de ser enamorada,
> «Sélo dellos, no de mí.»

(Escena 2ª.)

Y en otro tambien anónimo y de igual época, titulado *La Fuente de la Gracia,* en que el personaje alegórico el Vicio, cita varios cantos entonces populares, no pasa por alto *La bella.* Le dice la Contricion:

> «Deja, el Vicio, esa jornada;
> «Vuelve á Dios, mira por tí.»

El le responde:

> «Andá con Dios, dueña honrada,
> «*La bella mal maridada,*
> «*De las más lindas que ví,*
> «Esto sí que da placer:
> «Esto es lo que se usa hoy dia.»

(Escena 4ª.)

Aun en el siglo siguiente escribia Estebanillo Gonzalez: «Fingia un desmayo *La bella mal maridada.*» (Capítulo 8º) Por último salió á las tablas. Lope de Vega compuso una comedia con este título, que se halla en la segunda parte de la suya, publicada en Madrid en 1609. No debe confundirse con *La mal casada,* que está en la parte décima-quinta, Madrid 1621, y en el tomo segundo de la excelente coleccion de Don Juan Eugenio Hartzenbusch, dada á la estampa en Madrid, de 1853 á 1860.

Con esto y mucho más que pudiera añadirse, hay para comprender que ya *La mal maridada* debia empalagar. Cervántes por consiguiente, al hacer *todas* las ballesteras de su nave de tales glosas, se burlaba de ese flujo de glosar el viejo romance:

y lo hizo como siempre, con gracia, discrecion y oportunidad. Satirizó igualmente otras inepcias de los rimadores sus coetáneos, pero ¿toda la pintura del bajel es burlesca?   No me lo persuado. Puibusque escribió de prisa, ó se dejó deslizar en esa ocasion por la pendiente que al principio señalamos.

ENRIQUE JOSE DE VARONA.

Puerto Príncipe: 4 de Abril de 1875.

*   Publicada en la *Crónica de los cervantistas,* Cádiz, año V, núm. 4, 19 de setiembre de 1875, pág. 137.

NOTAS DE VARONA

1.   Una golondrina no hace verano.
2.   «La description du parire que le transporte au Parnasse ranferme un plaisant inventaire de *tous les abus dominans.*»   Histoire comparée.   Première partie, chap. VII.   Traslada el crítico a renglon seguido parte del pasaje; y es de notar que en la traducción desaparecen casi totalmente los rasgos que dan á su opinion algun peso.
3.   Mediando el siglo 16º se incluyó en el antiguo y famoso *Cancionero de Romances de Amberes*; y Lorenzo de Sepúlveda en sus *Romanceros.*   Ya por entonces era viejo y muy conocido.   Modernamente le publicó el sabio Don Agustin Duran en su *Colección de romances doctrinales, amatorios, festivos, jocosos, satíricos y burlescos,* impresos en Madrid en 1829, de donde le tomó Don Eugenio de Ochoa para el *Tesoro de los Romanceros,* París, 1838; reimpreso en Barcelona, aumentado por Don J. R. (Joaquin Rubió) en 1840.   Aparece por último marcado con el número 1459 en el magnífico *Romancero General* con que ha enriquecido el mismo Duran la gran *Biblioteca de Rivadeneyra.*   Tomos 10º y 16º.   Madrid, 1859 á 1861.
4.   Los que piden casi con lágrimas en los ojos al lado de cada escritor un dómine piadoso y experto que le lleve la mano, cuando los vuelven á la dichosa edad y siglos dichosos porque suspiran ¿han echado de ver la profunda de su gusto literario en lo que atañe á la moral pública?   ¿Cuántas ediciones alcanzó *La Celestina*?

¿Cuántas traducciones? ¿Cuántas imitaciones? De su numerosa y no muy limpia progenie ¿desconocen la tragicomedia de *Lisandro y Roselia*? ¿Y la *Servagia*? ¿Y la Serafina? ¿Ignoran que, según propia confesion, *La Lozana Andaluza* fue de todas sus obras la que más provechos dió á su autor el clérigo Francisco Delicado?

COMO DEBE LEERSE EL «QUIJOTE»*

Tanto se ha escrito sobre el *Quijote* en lo que va de año, que bien fundadamente puede creerse que este libro apacible y deleitoso habrá tenido algunas docenas más de lectores de los habituales. Y con toda llaneza confieso que ese me parece el resultado más apetecible de todo este continuado rumor de pluma y discursos.

No vaya a presumirse que esto envuelve censura, ni asomo de censura siquiera, de la glorificación de este centenario. El entusiasmo tonifica y fortifica, sobre todo si, como en este caso, el entusiasmo es genuino y legítimo. Soy cervantista de la entevíspera. Leí el *Quijote* de niño, y fué para mí manantial de risa y acicate de la fantasía. Dormí muchas noches con un viejo espadín debajo de la almohada, descabecé en sueños muchos endriagos y encanté y desencanté no pocas Dulcineas. Lo leí de mancebo, y la poesía sutil de las cosas antiguas se levantó, como polvo de oro, de las páginas del libro, para envolver en una atmósfera de encanto mi visión del mundo y de la vida. Lo he leído en la edad provecta, y me parecía que una voz familiar y amiga, algo cascada por los años, me enseñaba sin acrimonia la resignación benévola con que debe nuestra mirada melancólica seguir la revuelta corriente de las vicisitudes humanas.

Pero es natural que, habiendo encontrado en esta lectura fuente siempre fresca y abundosa de impresiones acomodadas a la disposición de mi ánimo, desee a otros muchos el mismo refrigerio. De aquí que haya acabado por creer que la mejor manera de honrar al autor del *Quijote* sea, no aumentar la secta de los cervantistas, sino acrecer el número de los lectores de Cervantes.

Esto implica, lo confieso, cierto temor de que se malogre ese justificado deseo, que no tengo por mío exclusivo, sino de todos los que a porfía elogian y encomian el peregrino libro. Y mi temor nace de dos clases de consideraciones.

Ha dado sobre el *Quijote* una legión de comentadores, intérpretes, levantadores de horóscopos, descifradores de enigmas y adivinos, que asombran por su número y desconciertan por la misma sutileza de sus invenciones. A fuerza de querer encontrar un sentido acomodaticio a las frases más sencillas y una intención

93

recóndita a los pasajes más claros, hacen sospechar a los desprevenidos que esa obra de verdadero y mero entretenimiento pueda ser un apocalipsis o un tratado de metafísica hegeliana.

A los familiarizados con el libro, este intento de hermenéutica profana divierte o enoja, según los casos, pero no perjudica. Mas no es entre ellos donde se han de buscar los nuevos lectores. A éstos debe decirse y repetirse que el *Quijote* es uno de los libros más llanos que se han compuesto: claro como río sereno y caudaloso de ideas, sin confusión; de estilo añejo, como el buen vino, pero no anticuado; que habla del tiempo viejo, pero no de un tiempo tan separado de nosotros que el alma de sus personajes nos parezca extraña y distante de la nuestra. Tantos ejércitos maravillosos describen esos exégetas, que el lector puede amilanarse, o encontrarse chasqueado, cuando se desvanezca toda esa fantasmagoría.

Otros han tomado por distinto atajo. De tal suerte extreman el elogio, que más parecen corifeos entonando un ditirambo que escritores que recomiendan una exquisita obra del ingenio humano.

No les niego yo su perfecto derecho a sustituir las razones y aún la razón por perpetuos ¡evohé!, ¡evohé! Cada cual expresa su delectación íntima a su manera; pero, desde el punto de vista en que me coloco aquí, temo que el efecto de sus desmesuradas hipérboles sea contraproducente. Lo de desear son lectores sinceros, que vayan, sin prejuicio de *snobismo*, a apurar el contenido de esa rica copa en que escanciaron las gracias, y no individuos que se estén palpando y mirando por dentro con susto, si por acaso no se encuentran, desde las primeras páginas, en un mundo de prodigios, y no se ven suspendidos en cada capítulo a la región de los encantamentos pregonados.

Hacen, sin quererlo, estos críticos tan poco criticistas, el papel del ingenioso Chanfalla en *El retablo de las maravillas*. A fuerza de anunciar portentos, que ellos ven y manosean, parecen declarar memos y bolos a los que no miren por sus ojos y con su mismo ángulo visual. El pobre lector se azora, y aunque dice para sus mientes, ¿si seré yo de esos?, proclama a voces que se cierne a dos dedos del empíreo. Ninguno de los confusos espectadores del retablo quería ser judaizante, y ninguno de los atortolados lectores quiere pasar por imbécil.

Aunque me acusen de algo sanchezco, prefiero, para los que

lean el *Quijote*, la disposición de espíritu del estudiante del cuento, que se solazaba tendido en mullido césped y reía a pedir de boca en los pasajes de risa. Ese de seguro no tenía entre las manos ningún *Quijote* comentado y puntualizado. Los que han leído la deliciosa fábula por esparcimiento y la han celebrado con risa franca y sana, son los que luego la recuerdan con suave emoción y pueden descubrir la vena de plácida tristeza que va, casi a flor de tierra, serpeando por todo su contexto.

«Mirad, escribano Pedro Capacho —decía el alcalde Benito—, haced vos que me hablen a derechas, que yo entenderé a pie llano.» Cervantes escribió a derechas; no subamos en zancos a sus lectores.

9 de mayo, 1905.

---

* Este artículo, de 9 de mayo de 1905, apareció publicado en *El Fígaro* de La Habana, año XXI, núm. 20, 1905, pág. 236. Fue recogido en el valioso libro de Varona *Violetas y Ortigas*, Madrid, Editorial América, 1906.

CERVANTES Y «EL QUIJOTE»*

Sr. Presidente de la República;
Señor Rector;
Señoras y señores:

Nunca ha sido tan natural un recuerdo como el que me asalta en estos instantes. Con motivo de una nueva edición de *Las Memorias de Saint-Simon,* afirmaba Sainte-Beuve que le parecía tarde para tratar del autor y de su obra, porque ya acerca de ellos todo se había dicho, y todo se había dicho bien. Hablar en estos momentos, en cualquier lugar, de Cervantes y su obra, es colocarse voluntariamente en situación a todas luces desventajosa. Hablar aquí, y después de los bellos estudios que hemos oído, de las palabras elocuentes que os han cautivado, es hacer aún mayor de todo punto la desventaja para el que habla. Pero debo confesar que yo no he venido a esta tribuna voluntariamente, sino obedeciendo a un deber grato, pero de todos modos un deber, como profesor de esta Universidad. Ella no ha creído, y no podía creer, que debía permanecer indiferente ante una glorificación que ha unido en un sentimiento común a todo el mundo civilizado; porque el libro y el autor que de tal suerte han sido enaltecidos, es, desde luego, patrimonio de un pueblo, pero al mismo tiempo honor excelso de toda la humanidad.

Nosotros tenemos parte, y no pequeña, en esa gloria, porque ha sido escrito *El Quijote* en nuestra lengua nativa; y no hay nada más profundamente propio que la lengua en que el hombre vierte sus conceptos; nada que una tanto, en lo intelectual, ni nada que aproxime más a aquellos mismos que se han visto colocados frente a frente, y se encuentran distantes por todos los otros aspectos de la vida. Así nosotros, hoy, tan próximo aun el momento terrible en que nuestra justificada rebeldía nos alejó del girón político de la gran nación que ha dado origen a los pueblos del habla castellana, podemos y debemos participar también de este aniversario, solemnizarlo y poner nuestra débil piedra en el gran monumento que levanta la conciencia universal a un genio universal.

Vosotros habéis oído a los distinguidos profesores que me

precedieron; ellos han procurado presentar a vuestra consideración fases diversas de esa obra maravillosa y, cual si se hubiesen puesto de acuerdo, han logrado agotar todos los aspectos objetivos de una obra de arte.

El doctor Meza nos ha dicho cuál es la característica de la obra; ha puesto de relieve el profundo carácter ideal y simbólico del tipo que Cervantes animó y lanzó al mundo para admiración, regocijo y enseñanza de las gentes.

El doctor Domínguez ha procurado colocar al autor y, por consiguiente, su obra, en el cuadro que, naturalmente, le correspondía, haciéndonos ver cuáles eran los antecedentes literarios que concurrieron a producir, en el momento culminante del renacimiento español, la aparición del genio de Miguel de Cervantes Saavedra y de su libro exquisito.

El doctor Borrero ha seguido, con mirada amorosa y profunda, todos los rastros que ha dejado en la mente humana y las influencias posteriores de la extraordinaria obra.   Y yo no haría más que debilitar torpemente lo que con tanta elocuencia ha sido dicho, si llevara más lejos mi resumen.

¿Qué me queda, pues, por hacer, justificados como están la participación de la Universidad de la Habana en esta conmemoración y los diversos aspectos que han tomado para estudiar este libro único los distinguidos y elocuentes oradores que me han precedido?   Réstame sólo decir algunas breves palabras, que demuestren por qué y de qué suerte el testimonio unánime de la posteridad ha conferido tan singular puesto a esta obra, entre las muchas que enriquecen la literatura castellana; y después cómo y por qué la fábula de *El Quijote*, trasponiendo las fronteras intelectuales que parecen elevarse donde un idioma se separa de otro, ha venido a ser, no ya la obra propia de una nación, sino el libro de todos los hombres que buscan, en las concepciones del arte, una esfera superior de vida mental.

Decir por qué *El Quijote* ocupa el primer lugar entre las obras de imaginación que se produjeron en España en el siglo XVI, puesto que su incubación a este siglo pertenece, aun cuando no apareciera hasta los primeros años de la siguiente centuria, sería repetir las frases y conceptos emitidos por el doctor Domínguez; básteme indicar que aquél fué el producto más génuino de toda la elaboración mental de un pueblo, en un momento singularmente fecundo de su historia.

Lo que da tan extraordinario valer al libro, prescindiendo de sus otros caracteres, es que no resulta la mera obra de un erudito. Todas sus raíces están en las entrañas del pueblo español; son como tentáculos que han ido buscando en la sombra, donde quiera que una savia fortificante se presentaba, para atraerla hacia sí. Así vemos que es el *Romancero,* aun antes que la literatura caballeresca, el gran inspirador de *El Quijote.* El *Romancero*, la obra más propia y característica de la literatura española, es la epopeya que echaba de menos el doctor Domínguez, pero cantada por las voces de todo el pueblo, elaborada en la mente, idealizada en el corazón de todos los españoles.

En el *Romancero* se encuentra inspirado *El Quijote,* no sólo porque le da múltiples tipos que a cada paso cita Cervantes, sino porque es la fuente de maravillosa frescura en que ha bebido su estilo inimitable, su lengua incomparable. Y precisamente por la lengua es por donde Cervantes se ha colocado a la cabeza de todos los escritores de su país en su tiempo. Pensemos, aunque parezca arriesgada esta afirmación, en los que son sus coetáneos; pensemos en que han recorrido todos los géneros lierarios y producido obras insignes en muchos de ellos; pero al mismo tiempo confesemos que sus libros necesitan generalmente ser glosados para poder ser leídos en la actualidad. La lengua de Cervantes se conserva tan pura y perceptible para los modernos, como en los momentos en que fué escrita por su autor, en que formó el molde resistente y sonoro en que había de vaciar su portentoso pensamiento.

Yo no sé si hay prueba más completa de la fusión perfecta de la idea y la forma que ésta que nos revela el libro que en estos instantes examinamos. Si lo ponemos a la par de otras grandes producciones que han alcanzado en su misma literatura puesto igualmente elevado, sorprende contemplar cómo las obras de sus coetáneos han envejecido, y la suya ha permanecido con juventud eterna.

Me atrevo a parangonar lo que ocurre con Cervantes y su *Quijote,* respecto a la lengua en que está escrito, con lo que ocurre con aquel gran genio, su predecesor y su igual, el florentino Dante. Su grandioso poema colocado a la entrada de los tiempos modernos y verdaderamente al terminar los tiempos medioevales, parecía que debiera haber envejecido; pero la lengua de Dante tiene hoy la misma frescura, el mismo color y la misma armonía que en la época en que el poeta forjó en el bronce, la plata y el oro, sus inimitables tercetos.

    Y un coetáneo de Cervantes, colocado en región muy distinta y que ocupa un plano ideal diverso, pero igual a él por el genio y el poder de la fantasía, Guillermo Shakespeare, escribe al finalizar el siglo XVI y principios del XVII, y su lengua conserva también maravillosamente la lozanía, la naturalidad y el encanto que tuvo para sus contemporáneos. No es ni puede ser mero acaso el que nos da repetido, y en circunstancias tan diversas, este fenómeno de ciertos genios excelsos que han revelado sus pensamientos por la escritura y han logrado fijarlo en forma tan propia e imperecedera, que el tiempo no le hace mella alguna. Y este carácter es el primero y más notable de la obra de Cervantes.

    Pero esto sólo serviría para hacer de su lectura, como ha llegado a ser, el pasto diario, constante y apetecido de cuantos hablamos como lengua nativa la lengua castellana, la lengua por antonomasia llamada con razón lengua de Cervantes. Mas nada de esto nos explicaría el extraordinario influjo, la boga persistente y singular de un libro que ha traspasado las fronteras de su patria y de su época y se ha esparcido con igual aplauso por todo el mundo.

    Y aquí es donde me importa hacer notar por qué Cervantes se ha colocado en la categoría de los genios universales, y por qué su libro ocupa un lugar preferente al lado de aquellos que han sobrevivido a la acción del tiempo y deleitan a los hombres de hoy como deleitaron a su contemporáneos. ¿Será por la extraordinaria y singular fantasía de Cervantes por lo que ha adquirido tal renombre y duración su libro inmortal? Muchos de sus coetáneos y de sus inmediatos predecesores, dentro y fuera de España, pueden competir con Cervantes en la fantasía. No es mayor su poder de imaginación que el poder de imaginación de Ariosto. ¿Será por la extraordinaria nitidez de sus pinturas, por esa evocación luminosa de cuanto lo rodea, por esa resurrección de los hombres y las cosas que nos hace ver y contemplar todo su pueblo en todos sus aspectos? No es menor el poder evocador y pictórico de Lope. Hay una característica del genio, que poseía Cervantes como la han poseído todos sus iguales, y esa es la de crear por medio de la expresión verbal seres que viven, y, por medio de ellos, hacer que ciertas ideas generales se eleven a un simbolismo transparente. Por eso se puede decir de Cervantes lo que se ha dicho de Víctor Hugo, que fué un creador de mitos. Creador de mitos, es decir, uno de aquellos que han sabido tomar una pasión humana o una idea directora del ser humano y encerrarla en un símbolo que tenga vida, a quien sople con su aliento de demiurgo y ponga delante de nosotros de tal suerte que nunca jamás se olvide la aparición portentosa. Así pueblan nuestra mente los tipos inmortales que creó Cervantes; nos acompañan, nos sirven de modelos, y podemos encontrar en torno nuestro los que lo encarnan, podemos saludarlos por sus nombres, y llega a parecernos que son creaciones reales que aumentan nuestro conocimiento del mundo y de la vida.

Cervantes fué un creador de mitos. Lo mismo que aquellas ideas que se encarnaron en la imaginación prodigiosa del pueblo heleno, y viven aún entre nosotros; así los tipos por él creados se pasean aún por el mundo, y presentan para nosotros aspectos bien conocidos de la realidad y de la vida. Pero ¿cuál es el simbolismo que podemos descubrir con tanta claridad en los dos tipos que ocupan, sin llenarla, toda la fábula de *El Quijote*? ¿Es simplemente la encarnación de un espíritu quimérico desvariado por ciertas lecturas, en el caballero que se lanza a realizar en un mundo hostil un ideal de justicia trascendente y superior? ¿O la de la prudencia miope en el escudero entre malicioso y cándido que lo sigue, arrastrado ya por sus apetitos, ya por el amor que lentamente va poseyéndole hacia su desvariado dueño y señor? Esto sería empequeñecer demasiado estos dos grandes símbolos de la vida humana. Hay en el uno y en el otro la encarnación perfecta de los dos aspectos diversos, pero paralelos, de los dos distintos planos de toda vida humana, de los que el uno se proyecta siempre hacia lo futuro, buscando la realización de algún ensueño, elevado o rastrero, pero al fin ensueño.

Don Quijote y Sancho nos representan esa proyección de nuestra vida hacia lo futuro, por la cual anhelamos realizar el ensueño que nos impulsa y lleva a la acción, sin el cual nos sentiríamos paralizados a cada instante por la fría mano de la realidad. Ese impulso secreto que nos lleva a buscar una hora próxima de dicha, una hora próxima de gloria, una hora próxima de éxito, lo mismo se encuentra en la vida más humilde que en la vida más excelsa; y la presión tremenda e incesante de lo real trae la quiebra ruidosa del ensueño, deja postrados y quebrantados lo mismo al caballero gentil que al fiel escudero. Vamos siempre en pos de un ideal, buscamos siempre algo mejor que justifique nuestro anhelo de vida, y la realidad se empeña en darnos tasados los momentos de ventura y colmados los momentos de dolor y de derrota.

Este es el símbolo transparente que encontramos en todas y cada una de las ingeniosas aventuras que contiene el libro. Al lado de esta concepción profunda, que no necesita explicación, se amenguan las otras excelencias de la obra. Allí está contenido un gran cuadro, una inmensa pintura mural de toda una nación en un período de singular relieve y de vida intensa, y aun esto se empequeñece y amengua ante la excelsitud de esa concepción superior.

Y por eso no se necesita ser contemporáneo, ni ser compatriota de Cervantes, para gustar con inefable deleite de todas las bellezas de su obra. No se necesita ser compatriota ni contemporáneo de Cervantes, para sentirse influído por todo lo que hay de humano y de poético en su concepción grandiosa. A la par de los otros grandes genios--sus hermanos--él ha logrado mezclar a la vida del hombre grandes y excelsas ideas perfectamente simbolizadas. De otra suerte, su obra, como tantas otras, se habría esfumado en lo vago de la abstracción. Pero las que como la suya continúan y continuarán siendo enseñanza, deleite y refrigerio de nuestro espíritu, son las que de algún modo plantean el enigma del destino humano, y por eso vienen a ser las más altas producciones, las más nobles del ingenio del hombre. En ellas se refleja toda nuestra vida con sus cambiantes aspectos, en ellas se encuentran los tipos que nos revelan lo más recóndito de nuestro ser, ellas nos descubren las lejanías borrosas de lo pasado y nos abren perspectivas profundas en lo porvenir. Son aquellos pocos libros inmortales, donde está contenido, con el espíritu de un pueblo, toda la excelsitud del genio humano.

Consideradas así estas grandes obras, que ocupan, por el asentimiento unánime de la posteridad, las más altas cimas del arte literario, se me representan como esos dilatados y tersos lagos suspendidos en lo más alteroso de las cordilleras que dominan los continentes. Son bruñidos espejos, en que se retratan, con ondulaciones que semejan los estremecimientos de lo que vive, todas las maravillas del paisaje terrestre que les sirve de marco, todos los esplendores del cielo inmenso que les sirve de cúpula. Reflejan en su móvil superficie las rocas enhiestas y los pinos cimbradores, las nubes que pasan y las estrellas inmóviles y eternas. En sus senos se perpetúa el bullir de innúmeras especies vegetales y animales, bullir que sube a la haz de las aguas, para animarla con los surcos fúlgidos que traza el pez escamado de oro y granate o para hacerla florecer con las albas coronas de los lirios gigantescos. Mientras de lo profundo arrancan las corrientes cristalinas que labran la roca, que saltan espumosas sobre las peñas, que serpean por las pendientes y van a llevar a la llanura distante, con la humedad y la frescura, el humus fecundo que sirve de matriz infatigable a la renovación perenne de la vida.

* Este discurso, pronunciado el 13 de mayo de 1905 como clausura de los actos que la Universidad de la Habana efectuó en celebración del tercer centenario de la publicación de *El Quijote*, fue recogido en *Por Cuba,* Discursos, libro de Varona de 1918 y en *Obras de Enrique José Varona*, Estudios y Conferencias, Tomo II, publicado por el gobierno de la República de Cuba, La Habana, 1936.

DE COMO EN MI NIÑEZ FUI QUIJOTE. *

Al Sr. Antonio P. Pichardo, en Camagüey.

Tendría yo unos ocho años, cuando se trasladó mi familia a una casa de mi padre en la calle de Santa Ana.

Por ser de dos pisos, dominaba por la izquierda la del regidor perpétuo F. de V. y más allá la del marqués de S. A. y S. M. Con ambas familias estaba emparentada la mía; pero ignoraba yo entonces, que entre mi padre y el marqués se hallaban cortadas las relaciones diplomáticas. En la casa más próxima había varias niñas mayores y menores que yo, y en la otra no puedo asegurar que viviera, pero alguna se veía de cuando en cuando. Esta circunstancia de la vecindad de las muchachas influyó no poco en la metamorfosis que se verificó en mi durante unos días.

A pesar de mi corta edad estaba yo poseído ya del diablillo familiar de la fantasía; y éste encontraba pasto abundante en mis contínuas lecturas de obras de pura ficción, para jugarme inolvidables pasadas. Mis estudios no medraban; pero el tiempo me venía corto para devorar libro tras libro.

Desde mi iniciación con las pasmosas hazañas de «Los tres mosqueteros» del inimitable Dumas I, hasta los Prestigios de Liderico, primer Conde de Flandes. ¡Qué cerca y qué lejos de los Nebelungen! Las inacabables andanzas de Gil Blas, las viejas y bien recortaditas y mondaditas «Mil y una noches», del bonachón de Galland, no puedo decir cuánto había leído ni a cuántos merlines me había entregado.

En esto, un vecino algo literato, cuyo nombre siento no recordar, puso en mis manos, en unos tomos pequeños y muy bien impresos, con lindas láminas grabadas en acero, «El ingenioso hidalgo» de Miguel de Cervantes Saavedra.

Lo leí, claro está, como había leído los otros, como libro de portentosas aventuras, que me envolvían en su red de maravillas y me hacían desvariar por horas enteras.

Pero el hechizo de aquel mágico más prodigioso que los anteriores se apoderó de mi pequeña alma, palpitante y deslumbrada, y la llevó a vivir en el mundo de ensueño de su héroe. El desvarío tan propio de mis pocos años, la vanagloria de exhibirme gallardamente desde el corredor de mi casa que se alzaba sobre

105

los patios contiguos, como un escenario preparado a posta, y la posesión de un viejo espadín que no sé por cuál arte había caído en mis manos, formularon los elementos con que puse la fábula de que fui autor y actor. Mi cuarto era el último de los que daban sobre el corredor mencionado y cuando mi familia muy reducida entonces, estaba en los bajos, que era lo más de la tarde y las primeras horas de la noche, campaba yo por mis respetos y transformaba la casa en venta, en camino carretero o en jardín de castillo ducal. No son para dichas las veces que me ensabané para decapitar cueros de vinos; las veces que esgrimí mi punzante, aunque no tajante espadín contra temibles endriagos; las veces que eché de menos un rocinante cualquiera para ostentar en airosa postura mi personilla, ante los ojos que se me antojaban deslumbrados, de las princesas vecinas.

¡Ay! por ellas vino mi desencantamiento y mi desencanto. La casa del regidor no tenía azotea, pero sí la del marqués; por lo menos una interior fronteriza del famoso balcón de mis hazañas. Una tarde cerca ya de anochecer estaban tomando el fresco en ellas dos de las vecinas y la niña, todavía para mí tan incógnita como Dulcinea para mi modelo. Quise aprovechar la ocasión de lucírmela, empuñé mi tizona y comencé a dar tajos y mandobles con tanto coraje y brío, como si hubiera de romper por todo un ejército de moruecos baladores. Fue tan estrepitosa la carcajada de mis admiradoras, que el espadín se me cayó de las manos y la telaraña de los ojos. Debí encontrarme muy digno de la sonora aprobación, porque en muchos días no aparecí por el corredor; y cuando volví a él había vuelto a mi ser natural de chicuelo algo simplecillo y no poco encogido.

La desavenencia entre su casa y la mía, fue naturalmente causa de que nunca cambiara explicaciones, ni que lo intentara con la niña de la azotea. En cambio mucho traté después a las muchachas más vecinas, con quienes se estrecharon luego, por mi matrimonio, mis relaciones de parentesco; pero nunca jamás me hablaron de la ruidosa escena en que zozobró mi quijotismo.

ENRIQUE JOSE VARONA.

Vedado, 9 de julio de 1918.

* Este artículo fue publicado en *El Fígaro,* Año XXXV, 1918. N° 28, Página 838.

Sr. Emilio Gaspar Rodríguez.*
Habana.

He leído con mucho interés su última obra, «Puntos Sutiles del Quijote».

Tiene usted singular pespicacia para trazarse y trazar al lector, vastos cuadros históricos en comprensivo escozor. He encontrado en el libro capítulos tan repletos de sentido como el que trata de Antonio Pérez, la princesa de Eboli y Felipe II; o el que pinta a Lupercio Lastras.

Me parece que si ud. se decidiera a explotar este filón de su talento, le sacaría mucho partido. La exégesis de El Quijote, no ofrece a mi juicio, suficiente campo para Ud. Se ha escrito tanto sobre esa obra extraordinaria, que se ha de forzar un poco la nota, para decir algo que siquiera parezca nuevo. Naturalmente ésta es mi impresión, sin más alcance que un simple parecer personal.

Quedo, como siempre, a su órdenes y soy un afectuoso servidor.

Enrique José Varona
Vedado, 26 de septiembre de 1922.

* Esta carta apareció publicada en *El Fígaro,* año XXXIX, 1922. N°. 41, página 657. Estaba introducida por la siguiente nota: «Puntos Sutiles del Quijote por Emilio Gaspar Rodríguez. Habana, 1922. Ha tenido este notable libro un gran éxito de librería, confirmándose nuestra antigua afirmación de que entre nosotros, hay un numeroso grupo de lectores para toda obra buena. En el número pasado, Chacón y Calvo, el erudito y sagaz crítico, habló con gran acierto de la reciente producción de nuestro admirado compañero y el 'Amigo del Perfilista' de *El Mundo,* en párrafos atildados y elocuentes, también ha emitido un juicio favorable acerca del libro del señor Rodríguez. Así mismo el ilustre Enrique José Varona aplaude la labor del autor de 'Puntos Sutiles' en esta interesantísima carta».

INDICE

página

Retrato de E. J. Varona por E. F. Beltrán 7
«Ayer y hoy» (Soneto a Cervantes de E. J. Varona) 9
Estudio preliminar 13
La conferencia «Cervántes» 37
Epístola cervántica 61
Una alegoría de Cervántes 67
Una alusion de Cervántes 73
Un aniversario de la muerte de Cervántes en Cuba 77
Cervántes y la bella mal maridada 85
Como debe leerse «El Quijote» 93
Cervántes y «El Quijote» 97
De como en mi niñez fuí Quijote 105
Carta al señor Emilio Gaspar Rodríguez 107